編集論

コーディネート論

はじめに

1

出版社を始め、本やパンフレット、チラシ・ポスターなどを編集し制作してきて40年以上になる。振り返れば、本づくりをしながら編集を広く捉えるようになったのは、2006年から取り組み始めた「いなかインターンシップ」(後出60頁)だったように思う。

自分たちの強みを突き詰めていくと、「編集」というスキルに行き当たった。もともと「編集」は、元ある素材を取捨選択し組み合わせたりして、新たな独創性をもつ世界を創造することであり、けっして無から有を生み出す作業ではない。本づくりで培ってきた「編集」とは、情報や知識をマネジメントする力、そしてダイナミックな発想や新たな価値を創造するようにコーディネートする力でもある。

……(若者×いなか、)若者のよいところと、田舎のよいところに着目するというスタイルは、じつは「編集」のもつ本質的な意味から生まれている。

『未来を耕す――いなかインターンシップの挑戦』(2008年 南の風社)

2

その２００８年から10年以上経った。この間、コンピュータ、スマホの登場・進化で事態は大きく変わってきた。情報を送り出す人と受け取る人が明確に別れていた時代から、その境がなくなり誰でも作る・発信することができる時代になったのだ。

ここで何が変わったのか、どう変わらないといけないのか……。

誰でも情報の送り手になれる環境が整いだして、自分は何に関心があるのか、外の世界をどう見ているのか、どんなことをどう考えているのか、その表し方を学ぶ必要性が出てきているである。自らの考えや存在を知ってもらうものを社会に送り出す方法が限られていた時代には必要がなかった「自己の表し方」を獲得する必要に迫られている。それは、書き方であったり話し方であったりするが、その中核にあるのが「編集」の技術に他ならない。ただ書いた、言ったではない、工夫された効果的な表し方が求められているのである。そこではもちろん、自分らしさという個性も、表現する上でのルールや倫理も含まれている。

ところが、誰もが身に着けておきたい編集力は、かつて編集に携わってきた者が努力して向上させてきたもので言わば独占されていて、その手法や技術が個人や会社の中にしか存在してこず、一般に普及することはなかった。またメディア系の編集者に限らず、他者に向けて表現する職業の人もいれば広報活動に携わる人もいるが、あまり編集の技術と関わりがあると認識されることもなく、相互に交流することもなかった。

編集とはどういうことか、どうしたら編集の技を身に着けることができるのか、編集の経験者が語り伝えていくことがいま社会の課題になっているのである。

3

そこで、本づくりなどから得た編集方法を示しながら、その編集の技術をどう他の分野へ応用・移転するのか、できるのか、明らかにしていきたい。そのことで、多くの人が編集に興味を持ち、関心のあるものに対し編集しようと試み、実際に編集したものの発信が増えていくことを願っている。

ここでは、本やパンフの制作に関わる際には「編集者」(狭義の編集)、それ以外の人、物、事に関わる際には「編集する者」(広義の編集)として論を進めていく。また、当社刊の本の引用は、本文中は書名のみとし、詳細は巻末に記した。

編集論・コーディネート論／目次

2　本を編集する　25

1　編集とは

編集に長年携わってきたが、その地味さからだろうか、本づくりに欠かせない要素くらいの認識で、あまり「編集」が技術として論じられることがなかったような気がする。これを技術として論じることで、編集技術の切磋琢磨《せっさたくま》と継承のしやすさに役立ちたいと思う。編集というと、本や雑誌や映像の編集を思い浮かべるが、それに限らず広い意味と範囲を持っているので、まずそこから始めてみたい。

1、誰もが毎日、編集をしている

編集は、子どもから大人まで、社員も社長も人間誰もが、何度も息をするかの如く毎日おこなっている行為である。人は考えついたことをそのまま表すことをしない。必ず一度、「これを言っていいのかな」「これを言うとどう思われるだろう」「これは本当に自

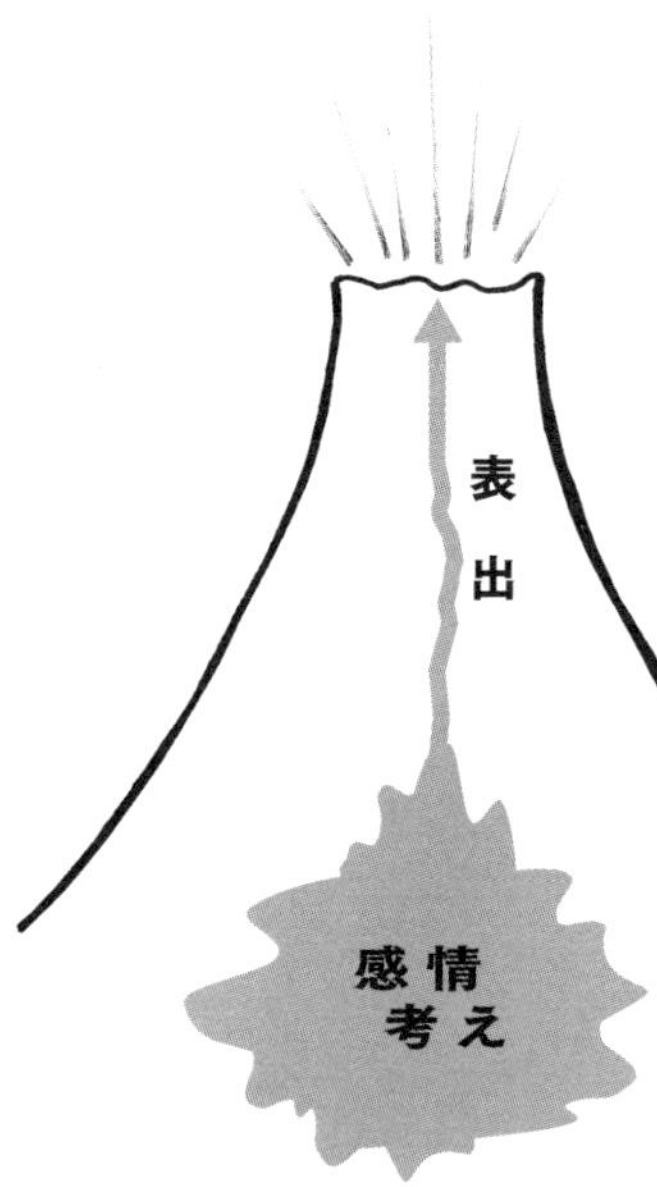

考えない反射的表出

分の思いだろうか」など反芻《はんすう》してから声に出し、態度に出す。この、なにが適切なのか、どう言うのがいいのか、考え、整理してから行為につなげる過程が実は「編集」なのである。

一方、突然大きな音がして身を伏せる、急に声をかけられて振り向く、追いかけられて逃げる、これらの考えることが入り込まないとっさの反射的行為は、編集しているヒマがないので、ノー編集である。対処した後から「今のはなんだったんだろう？」と、理由や原因を考えることがついてくることになる。

例えば、親が子どもに「やめなさい」「早くしなさい」「ダメと言ったでしょ」などと怒鳴るのもノー編集で、編集の世界とはほど遠い。また、SNSなどでやりとりしていてイラッとして速攻で感情をぶつけるのも、瞬間的に湧いてきたものをそのまま表出しただけで、ノー編集である。

考えて行動するのも何も考えずに行動するのもいずれも、人が生きていくため、事態を打開するために必要な行為である。しかし親が子どもの行為に、昨日より声が大きいのはなぜ？嫌なことがあったのかな？子どもの将来にとって今どうしたらいいのだろう？と考えて接していくこと、それが編集を取り入れた生活である。すると親は、「この場面では何が、どの言葉が、最適？」と日々訓練できることにもなり、反射的子育てとの間には大きな差が生まれることになる。これを意識的に取り組むほど、編集力を身に着けることになり、子どもにもいい影響をもたらすだろう。

こうして、人は編集行為を毎日しているので、誰でも編集の力を磨くことが可能である。しかし、多くの編集過程を持てばいつでも誰でもいい案が出るわけではなく、よりよい案を素早く出せるようにするには意識的な訓練を繰り返し、技として整理していかねばならない。

改めて編集とは、行為を組み立てていくため、観察する、考える、検討する、整理してまとめる、その過程なのである。

2、すべては「編集」の道を通る

子育てを例に出したが、社会生活をするすべての人が編集行為をし、行動を決定するために編集の工程を通っている。

例えば、歌手は、曲を聴き歌詞を見て、どう歌うのが一番いいか、自分の個性をどう出すか考え、本番までに練習を繰り返すことだろう。歌詞を作る人も、誰に聴いてほしいのか、今はどんな時代なのか考え、試行錯誤するだろう。作曲する人も、誰が歌うのか、どんな曲が受けるのか考え、いろんな音を出しながら楽譜を作っていくだろう。振り付けだって、ディレクターだって、みんなが最善、最適、最高を求めて一つの形を作ろうとしている。

医者は、どんな病気なのか問診・診察しながら症状をつかみ診断したり手術したりする。建築家は、どんなものをどう建てるのが施主の要望に応えることになるのか考えて設計図を描く。デザイナーは、顧客の思いを聞いて何をアピールしようか練りこみデザインとして表す。もちろん編集者は、少しでも分かりやすくしようと文章を整えたり、多くの人に読んでもらおうと本を世に送り出したりする。

企業人であっても、商品をどう作るのか、コンセプトは何か、目標設定はどのくらいか、宣伝や販売はどうするのか、スケジュールをどうするかなど、組織として動けるようにするため編集の過程を通っていく。

これら編集には大きく分けて4つの過程があるが、具体的にどういう内容なのか、整理してみる。

「編集」が要請されるのは、問題が発生したり課題に直面したり、依頼や発注があったりした時である。この時どうするか？

第1の過程は「取材」である。

問題や課題、依頼や要請はなぜ生まれたのか、背景や理由の全体像を把握しにかからなければならない。

まず対象に接触し、

・聞く（取材）／見る（現場・現地）／調べる（調査）／話す（人間関係）

などして、しっかり基礎情報を入手し、要請された内容の理解を深めることになるだろう。

第2の過程は「整理」である。

前の過程で得られた情報や、自分の体で感じた感性を活かして、収集したものを一つひとつ丁寧に、そしてすぐ引き出せるように配慮しながら、整理・整頓していくことになる。

・分解する／分類する／整理する

第3の過程は「分析」である。

1・2の過程で得られた情報・資料を分析しにかかることになる。問題の核心はどこか、何が困難に見えているかなど、オリジナルな視点を入れて検討していくことになる。

・分析する／解析する

課題の全体構造を把握し見定め、問題の所在・原因を解明し、中でも重要な情報は何かなど出口の方向、解決の糸口やヒント、ポイントを見い出していく。

第4の過程は「再構築」である。

依頼者や対象者は、時間がない、近すぎて見えないなどの理由で課題解決を要請してくるわけなので、もう一度1～3の過程を経て得たものを見直して、「現在はこうです、出口はこちらです」ということがより分かるように総合的に再構成し直すことになる。

・再建する／再構成する／再構築する

ここで、課題解決のための新しい視点、切り口はもちろん、コンセプト、重点や手順、実施方法などを獲得していくのである。

これらを踏まえて、具体的な「提案・提言」へとつなげていくことになる。それは、**第5の過程**とも言える。

英語にすると、Collect－Organize－Analyze－Rebuild であろうか。このC－O－A－Rのサイクル（第5の過程 Propose を入れると「－P」が入る）をしっかり回すことが編集の重要な手法に他ならない。

まとめると、編集とは、諸問題、諸依頼を解決するための行動を起こしやすい案を作り出すための行為・技術である。言い換えると、出口を求めて、あらゆる手立てを尽くし、最適なものを探し出し、多くの賛同を得て短い時間で提案にたどりつくために、自らの内部で心と脳を総動員する過程が編集である。現実や課題を再構築して、どうすれば新

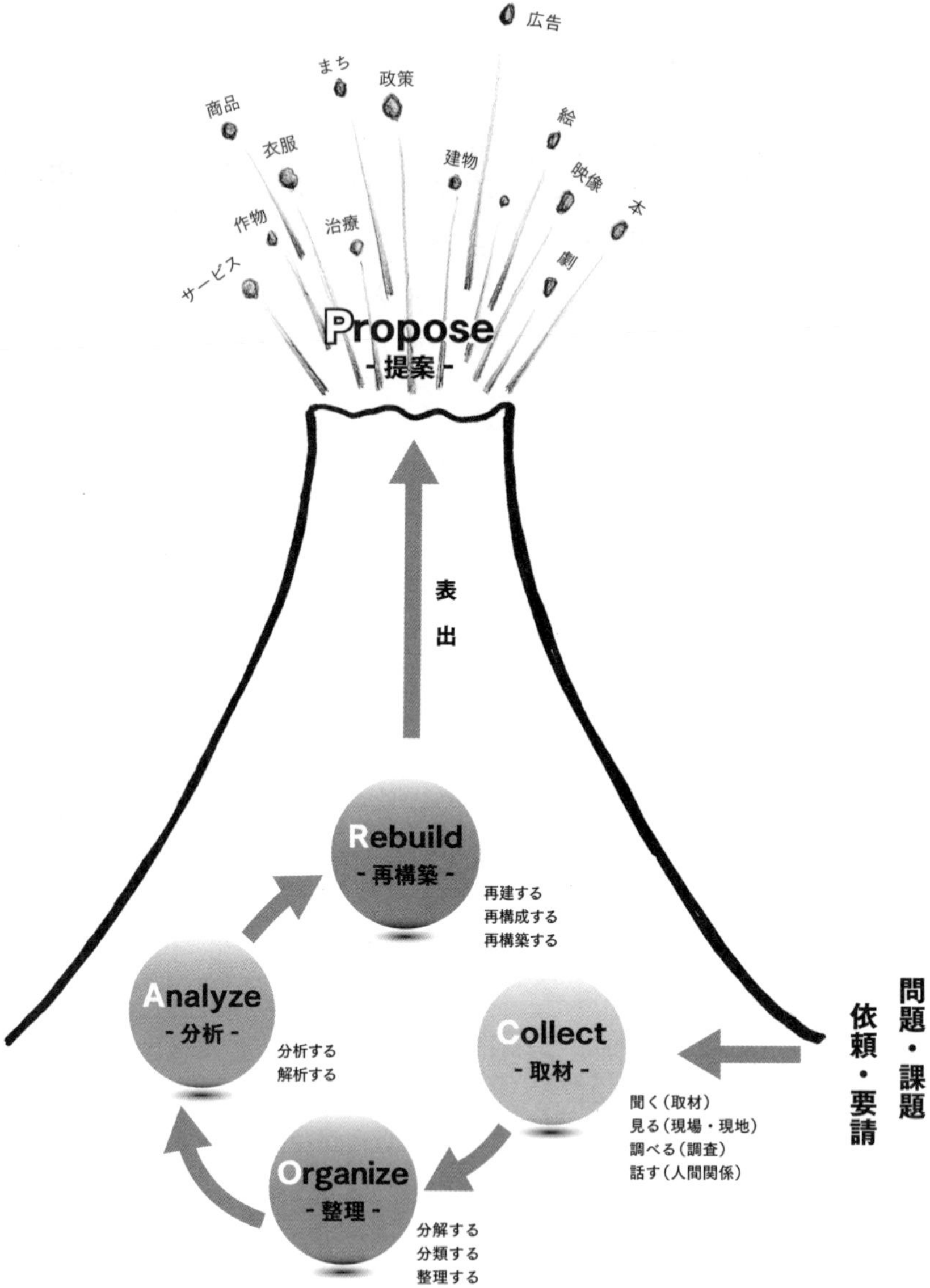
広告
まち
政策
商品
絵
衣服
建物
映像
本
作物
治療
サービス
劇
Propose
-提案-
表出
Rebuild
-再構築-
再建する
再構成する
再構築する
問題・課題
依頼・要請
Analyze
-分析-
分析する
解析する
Collect
-取材-
聞く（取材）
見る（現場・現地）
調べる（調査）
話す（人間関係）
Organize
-整理-
分解する
分類する
整理する

編集の工程

しい価値が創り出せるかの提案を外へ表出しやすくする。それは行動・実践へとつながり、以前あったものが別のものへ改められていくことになる。この訓練と経験を重ねることにより、より要領やスピードが上がり、技術・能力が向上することになる。

このように、表出される前の思考の過程で駆使されるものが「編集」であり、思考しないと生み出せないものはすべて「編集」過程を通っているのである。

3、編集の機能とデザインの機能はどう違う?

この編集論を書こうと思い立ったのは、「デザインの機能と編集の機能の違いは何か?」と高知大学のある先生から質問を受けたことがきっかけであった。

編集とデザインの機能の違いについていま思うのは、「デザイン」とは例えラフで表出されたものでも、具体的には絵であったり図面や紙面であったりする。頭の中に何となく描いたもの、言葉でつぶやいたものなどは、デザインとは呼べない。それは、表出される前の「編集」の過程の中にあるのであって、絵やイラスト、本や新聞という形で表出されたものが編集された結果できたものである。つまり、デザイナーは編集作業をして制作物を作っているのである。

70年大阪万博のシンボル「太陽の塔」製作者・岡本太郎の「芸術は爆発だ!」は正直な叫びだと思われる。つまり、どんな物を創るか見せるか、内面にあったものが爆発した結果が太陽の塔という作品であり、まだ内面にある時は「デザインしている」状態であり、それは「編集している」状態と同じである。

ところで、デザインdesign（英）はデッサンdessin（仏）と同じラテン語designare「示す、計画する、模写する」を語源とし、deは「否定」や「強調」の前置詞で、signareは「印を付ける」という意味を持つという。（『外来語の語源』角川書店 1979）

デザインは意匠、絵図の意味だけでなく、広義では企画、計画、設計という意味で、近年キャリアデザイン、コミュニティデザインなど用いられたりしている。もともと「デザイン」はかなり広い意味を持っているが、目に見えないものを解決していくのも「デザイン能力」としてさらに広く捉える考え方もあり、その点では広義の「編集」と意味はあまり変わりなく、まさに「編集能力」そのものであると言うことができる。

日本技術者教育認定機構は、「自立した技術者」が確実に身につけておくべき知識・能力を形成するため学習・教育到達目標を設定する際の個別基準として9つを挙げ、その5つ目の項目では「種々の科学、技術及び情報を活用して社会の要求を解決するためのデザイン能力」を求めている。その項で、具体的な水準を述べている。

ここでいう「デザイン」とは、「建築デザイン（architectural design）」、「都市デザイン（urban design）」、及び「エンジニアリング・デザイン（engineering design）」を指す。すなわち、単なる設計図面制作ではなく、「必ずしも解が一つでない課題に対して、種々の学問・技術を利用して、実現可能な解を見つけ出していくこと」であり、そのために必要な能力が「デザイン能力」である。

（「認定基準」の解説 建築系学士修士課程2012年度～（2017年度適用）日本技術者教育認定機構）

ここで言う「デザイン能力」がもしも同じ教育を受けて形成され、卒業後、建築家となった人が10人いて、同じ課題で建造物を造ったとしたら、結果は同一とはならず10通りとなって表出されるはずである。なぜ10人10通りとなるのか、それは、デザインが描かれる前に、データを集め、思考し、分析し、「よし、こうだ！」と再構築する過程が同一でないからである。「デザイン」には、岡本太郎の如く、時にその人の歴史や個性まで反映する。

このような意味で、人は日常生活の中で、仕事を通して、編集し、デザインし、実現可能な解を見つけようとしていると言えるのである。

4、編集の対象となる人が主人公である

これまで述べてきた広義の「編集」には、必ずクライアント・クライエント＝相手・ターゲットが存在する。編集の対象に「人」が存在するのであり、まず「相手」がいないと始まらない、という要件がある。

実は、一人でも、対象がなくても、編集行為は行われる。例えば芸術家が、見る人・

聞く人を全く意識せず、何が書（描）きたいか、何を撮（録）りたいか、何を表したいかを発想（イメージ）し、思いの向くまま表し終わったとする。完成物は自己と格闘する編集の過程は通っているものの、自分以外の「人」は存在せず、自己完結したものである。製作物への評価は「人の勝手（自由）」となり、その基準は見る人・聞く人それぞれの「感じ（方）」となる。たまたま見た人が大感動したとしても、自分自身にとっての満足度、納得度がすべてである。

しかし、その芸術家が初めから展覧会に出そうとか、「こんな感じのものを作ってほしい」など依頼を受けるとか、人の存在、人の満足（納得や感動）を意識したとたん、編集の中身は大きく変わってくることになる。制作物は「芸術」から「商品」へと編集されていく。つまり編集とは、真っ先に人がいて、対象とする人のためにする技術なのである。

人の思いが入ったものを作ろうとしたところから編集という領域に入ることとなる。編集には、相手があり、その相手が主体である。本づくりに例えれば、書き手と読み手という「人」がいる。編集は、その前提に立った技術であり、編集する者は、相手の主体を侵すことなく、その特徴を引き出し、相手の存在を引き立てる役割をする人である。人にどう役立つのか、ここが見せ所であり、その違いは編集する者同士の差別化にもなってくるのである。

このことを踏まえると、編集とは「人」を活かす技術であり、仕事であるということができる。

5、カリスマ型から編集型へ

いま、若者の中で「納得」が大きなキーワードになっていて、組織の中でも指示・命令、トップダウンの方法の行きづまりが起きている。納得のためには「説明」が欠かせず、しっかりと説明ができないと事が前に進まないということになる。説明と納得抜きのリーダー論はもはや成り立たなくなっている。

自分がすべてをする（トップダウン）→ みんなが主人公（その技、方法）

中央コンサル型 → 地域コーディネーター型

という転換を起こさなければならない課題にぶつかっているのが現代である。これからのよきリーダーは編集に長けた者でなければならないだろう。

もともと編集とは、「おらがおらが」「どうだどうだ」と相手を圧倒する技術ではない。相手の存在を際立たせる目標に向けて、人と人をつなぎ、説明と納得の原理でチームを牽引する技術である。まさに子どもが主人公の教育関係者にぴったり、まさに住民が主人公の地域コーディネーターにぴったりの、これからの技術なのである。

なお相手とは、人だけでない。「物」や「事」に対しても当てはまる。

改めて「編集とは」を整理してみたい。

狭義の編集とは、書籍や雑誌を前提とした場合、文章・映像・音声などで表された作り手の本質的な部分を、独自の視点・切り口でつかみ取り、著者や作品の最もよい、固有で特徴的な部分を見つけ、より魅力的に輝かせること、である。

広義の編集とは、

1）対象物（物、人、事）を独自の視点・切り口で再構築（再構成）すること。

2）しかも、対象物の主体性を損なうことなく、

3）新たな魅力・価値を付加し、

4）編集に入る前より、美しく、理解されやすく、共感を得やすくすること。

言い換えると、編集とは、諸問題・諸課題、諸依頼・諸要求を解決するために、案を作り出す行為・技術である、と規定できる。対象物（物、人、事）を、その主体性を損なうことなく、独自の視点・切り口で再構築（再構成）し、分かりやすい・行動しやすいなどの新たな価値を創り出すこと、ということができる。

2　本を編集する

入門編：出版の技術

編集を広義に捉える基となった狭義の編集の技法について語っていきたい。その入り口としてまず、本を作るとはどういうことかということ、「森を見よ」ということ、「シロを活かす」ということに触れたい。これらはいずれもデザイナー的視点でもあるが、それは編集がデザインと同義語的意味を持っているからでもある。

・本を編む術

雑誌づくりをしたくて出版社を興し、雑誌のみならず数多くの書籍、自費出版物、そしてパンフレットからチラシまで作ってきた。その中で、自ら書き、人が書いたものを読み、レコーダーなどに記録されたものを起こし、編集することを楽しんできた。

企画が立ち上がると、聞く、書く、話す、撮る、表す、などの一次作業を通って、それらを加工・編集する二次作業に引き継いでいく。文字の塊や絵図は日々その姿を変えながら、やがて人々が見ることができるように組み上がり、作品・商品として眼前に結実していくことになる。

こうして世の中にリリースされる出版物はいろんな機能を持っている。

・まとめる（整理する）…乱雑にあるものを整理・整頓することで、新しい気づきを得る

・記録する（残す、遺す）…本は図書館に入り、一人の人生の10倍は生きる。しかも、保存の安全性が高い。紙だけでなく電子的にも対応していて利用範囲が広い

・伝える（発信する）…SNSなどに比べ効率はよくないが、グーテンベルグ以来の伝達手段として価値は落ちていない

・認知を得る…一たび印刷物になると、私的なものから社会的な存在になり、自分を離れ人目に触れるべく一人歩きしていく

・変革する…メディアとして社会や価値観へ働きかけ、地域で人々が暮らし生きていく上で生活の改善・改革に貢献する

本は社会の中で影響力のあるものとして存在し、その編集は社会的意味を持った行為で、編集者にとって編集とは、こうした本が持つ機能を社会により効かせることであり、

そのための技術であると言える。

本を制作する過程としては、企画を練る、著者の発掘・依頼・やりとり、資金計画、具体的な編集・校正・フィニッシュワーク、そして印刷・製本、さらに書店展開・販売、広報・宣伝、倉庫管理・在庫管理、経理ワーク・資金繰りなどある。大きく分けると、作業が発生する前の著者探しなどの前工程、企画が動き始めて編集していく工程、本の完成後の配本・販売や在庫管理の後工程の、大きく3つの工程がある非常に広い範囲の仕事である。

編集者はすべての工程で、著者の一番近くにいて、本を編み、完成させ、社会に送り出す、というエディターとしての顔だけでなく、

・本（著者）と読者（購買者）の間に立ち、企画の思いと市場をつなぎ、開拓する

・関係者の意思疎通を図るチームリーダーとして、全工程をマネジメントする

というプロデューサー・ディレクターの顔を持つのである。

始めた当初は「一人出版社」であったので、私はこれらすべての工程をまるで空気のように意識することもなく担当してきた。それは今日にもつながる地方の小出版社の特徴でもある。一人ながら広く見てきたことが今振り返れば、編集の意味を広義に捉えることになっていったのかもしれない。

・まず、森を見よ

文章を書こうとする時は一枚の白紙に向かうが、読もうとする時はすでにでき上がった紙面に目を向けることになる。書き手は書いていく字面《じづら》しか見えない。しかし、読み手は字面を読んでいくが紙面も見えていて必ず、見て、読む。本だけではなく手紙やメールの文章でさえ、読む前にまず見ている。文章が長いとか写真があるとか、全体が見えている。ここは押さえておきたいところで、編集者は決して「いい文章」をだけ目標にしているのではなく、見られることを意識した「いい紙面」づくりに心しているのである。

1980年代、写研というフォントが一世を風靡した時があり、いわゆる「ツメ文字」が大流行したことがあった。文章の一字一字の字間をツメられるだけツメていくのである。結果、全体を見渡すと、文章はスキがなく黒い棒のように見える。一見きれいでデザイン性が高く感じられて流行ったのだが、逆に文章が粗末に扱われているようで、デザイナーは文章を黒い塊のようにしか見てないのではないか、と勘ぐったものである。そのことで逆に、「文章を読もうという意欲が湧くデザイン」というテーマが浮かび上がった。

人の目は、まず紙面全体を捉える。見出しや写真など、パッと興味を引く方へ目は移動する。デザイナーは、見られることを最優先に考え、目を止めたい、できれば釘づけにしたい、デザイン力で読ませたい、と攻めていくことになる。もちろん美しく、惹かれるデザインは読むきっかけづくりになるのは間違いない。

しかし、紙面にある内容は写真やイラストなどのレイアウトを見て理解されるものでなく、結局は文章が読まれないと分からないのである。つまり、「ぱっと見」ではなく、読みたくなるデザイン、内容を理解しやすいデザインが追求されなければ本末転倒となる。

編集者は、コンセプトが通っているか、アピールしたいことがきちんとできているか、真っ先にどこに目をやってほしいかなどを配慮するディレクターの役割を果たしている。伝えたいものを真正面から捉えた上で、見やすい、読みやすい、心地よいデザインを求めることになる。

訴求力の高いデザインとは、編集者がコンセプトをしっかり持ってディレクトするか、デザイナーが文章をしっかり読み込んで意図を落とし込んでいくか、そのどちらかからしか生まれない。いかにデザイン性が高くても、文章の内容におかまいのないデザインは片手落ちなのである。コンセプト・意図が読み込まれたデザインであればあるほど、そこに素晴らしい文章があることを期待させるだろう。

文章を誰かに「読んでほしい」と思った途端、文章は「見て、読まれる」ことを意識せねばならない。編集者はデザインする人であるからである。

・シロを活かせ

そう、そこは白いキャンパス。どう見せるかは、あなた次第。見られて嫌じゃない、見て逃げられない紙面づくりが第一歩である。「窮屈感がする」「漢字が多い」など、読む以前の問題で読み手を遠ざけるのは得策ではないだろう。

まずは、どうページをデザインするか、である。その第一歩としてページの上下左右の余白を決めるが、これは文章を流していくための型枠のようなものである。この時、枠の内を決めているのだが、枠外のシロの部分を決めているという意識を持ちたいものである。

そして、フォントと行間を決めて文章を枠内に流し込むことになる。その後、ページごとに中身が見られるようになるが、ここで気にしたいのは改行と段落である。

同じ内容のことを言っている限りずっと改行せず一頁くらい段落がないのも平気という文章を見かける。よく読めば、少し角度が変わっていたりして改行のチャンスがあるのだが、変えることをしない。これは先生のタイプに多いのだが、学術論文のルールもしくは一話題一段落のルールが気になって、主張することが先で、読みやすさは後回しになってしまうのだろう。

『生きる！ それでも生きる！』の最初のワード原稿（次頁上）は段落どころか、紙面は真っ黒であった。おそらく著者は脳腫瘍と診断されたのをきっかけに、衝き動かされるよう

仲間を求めて

自分で言うのもあれだが真面目な引きこもりタイプである。卒業間近で問題が発覚するタイプである。偏差値より人生の意味を知りたかった。世間や他人の目はどうでも良いやと思いつつ本を読んだ。最初は健康はサプリメントにあるとハマり、買い込んだ。ビタミンEのサプリメントは副作用がない情報を知り、よく買った気がする。俺は自宅ではなく図書館の引きこもりであった。図書館のスタッフはこんなやついるなんて分からなかっただろう。図書館から授業に行くのは普通で図書館で寝泊まりするのも普通であった。二十四時間解放している図書館は生活の場所でもあった。着替えを洗濯したり風呂に入るために自宅に戻ってるようなものであった。親には勉強が忙しいと言った。半分は当たりで科目が全く違った。授業中に関係ない本を読んでいた。一日の食事は食欲がないのでだいたいはもう図書館の冷水機で済ましていた。哲学や変わったタイトルな本、占星学や脳や心理や夢に関する本を乱読した。中島義道氏などの本が印象に残っている。俺と遠く似たような悩みを青年期に体験していたからである。著者の言葉は頷けた。だからといって信者ではないし会おうとは思わなかった。会うのは著者の思考を冒涜している気がした。互いがそれぞれがんばっていつかの時、しかるべき時に会えば良いと思った。そんな時はあるかは知らない。でも今はまだ会うべき時ではないと思った。とりあえず人生の意味を知りたくて本を借りた。何冊の本を読んだかは知らない。数より中身である。重要そうな文は日記に綴った。実験もした。電気を消して風呂の中で蝋燭を灯してただ集中する訓練をした。集中力はついたかもしれない。また目を隠して寺を歩いたり通学したりした。通学は自転車で三十五分くらいである。音と記憶が頼りだった。生傷が絶えなかった。事故をしないように人気がない道を通った。ときおり昼休みに大学の外に出て見知らぬ婆さんや爺さんと話した。中学の同級生にも会った。上手くいってるらしい上、彼氏または彼女がいるらしい。なんで人生が上手くいってるのか分からなかった。大学に友達は居なく、大学近くの爺さん婆さんや健康相談室にいた保健師が話相手だった。臨床心理士にも話をした。喋っているうちに俺はただ話たいだけだと思った。悩みは解決しなかったが一対一で喋りたいという自己心理は分かった。臨床心理士で社会のシステムに関わる悩みの解決は当然無理である。クリアが困難で無理なゲーム、言わば無理ゲーの様であった。臨床心理士は革命家ではない。本当に人の心を癒したければ革命家にならないといけないなと思った。そんなことを気づかせた臨床心理士は流石で企業出身の教授より話が分かった。健康相談室には他にも人がいて話した。人と話の練習をするため健康相談室に何年も通った。自分の精神状態がましな時、誕生日会に参加したり茶道を行ったり、カラオケにも行った。カラオケは全部マイナー曲で軍歌やら英語歌詞やアニメソングが飛び交った。今風の歌はなく個性溢れるカラオケ交流だった。月月火水木金金という軍歌はまさに今の社会人だろう。思想は戦時と変わらないのである。空気を無視して俺は暗い曲ばかり歌った。鬱になりそうな曲である。しかし空気は別に変わらなかった。それだけ自由空間だったのだ。

広がる格差のことなど多くの現実を知っても、じゃあ何したらいいのかが分からない。

図書館に入り浸り、哲学や変わったタイトルの本、占星学、脳や心理や夢に関する本を乱読した。中でも、中島義道氏の本が印象に残っている。俺と似たような悩みを青年期に体験していた。著者の言葉はうなずけた。重要そうな文は日記に綴った。

図書館で寝泊まりするのも普通だった。二十四時間開放している大学図書館は生活の場所でもあった。食欲がないので、だいたい図書館に設置された冷水機で水を補給することで済ませた。自宅には、着替えしたり風呂に入ったりするために戻るようなものだった。親には「勉強が忙しい」と言っておいた。

同窓会のみんなは少し違っていた

大学一年の時、中学校の同窓会が焼肉屋であった。中学時代は平凡な人生だった。一回不登校になりかけたが、その時はやり返す力があったようで解決した。俺は不登校になる魂は持っていない。中学では陸上部にずっと所属していたし、鬱になりながらも高校は欠席もなく貫き通したものだ。

中学生当時は男女とも仲がいいクラスだったが、焼肉屋に座った人物配置は男女くっきり分かれていた。時代って変わるのだな。中学当時のような純粋な精神ではいけないか。体の成長って罪だな。純粋さがなくなってしまうんだったら、俺は体の成長を拒む。だが、精神の成長は止めない。見かけは子ども、頭脳は大人を目指したい、と思った。

苦しさの解決方法を求めて

訓練というか、実験もした。電気を消して風呂の中で蝋燭を灯し、ただ集中する。また目隠しして歩いたり通学したりした。大学までは自転車で三十五分くらい、音と記憶が頼りだった。生傷が絶えなかったが、集中力はついたかもしれない。

健康はサプリメントにあるということにはまり、買い込んだ。ビタミンEのサプリメントは副作用がないということで愛用した。

脳の活性化にもはまっていたので、あるサプリメントを飲んでいた。それは、過ぎたるはなんたらで済む話ではないほどの大量の量だった。

集中力は一時的に上がったが、しばらくして気持ち悪くなった。薬も効いたが、毒も強すぎたのだろう。ホルモンバランスが崩れたのか、いつもと考え方が違ってきた。女性的な思考になったり、歩くのも内股になったりした。ある飲み会で、女子に「あの人、胸が出てる」とヒソヒソ言われるほどだった。なんと、キモさが倍増！したのだ。

——大学二年

それでも心臓は動いている

大学二年の一年間は図書館にこもっていた。ノートにひたすら有用と思える言葉を綴り続けた。近くの喫茶店で、少しの食料を食べていた。無頓着になってあまり着替えることもなくなった。不潔には違いないが、もう人間やめていいやと絶望していたので全く気にならなかった。

『生きる！ それでも生きる！』26.27 頁

に書き続けたのだろう。

こんな時は、自分の思いの丈が書き込まれているはずである。しかし、誰に向けて書いているのか、全編で何が言いたいのか、配慮の手を打つ編集者の出番である。そこで、文章を読み込みやすくするため、どこで文章が区切れているのか、改行をし段落を作ることをしていく。

さらに、文中に埋め込まれていた強調したい会話や引用は掘り起こして独立させる、小見出しを作る、話題が変わったところで1行アキを作る、など手を打った。この作業、実はシロの空間を作る意味もある。シロは、読み手の目が休まる場所にもなるからである。

最終的に、当初の長文を段落や話題ごとに短く分断して見出しを付け、似た文章を集めたり時系列で並べ替えたりしながらシロの効いた紙面に再構築したことで、思いの丈はずいぶん読みやすくなっていったと思う。（前頁下）

実践編：編集の技法

具体的な編集の技法について、基本と思う9項目に絞って書いてみる。編集の中でも、文章をどう書くか、どう読んで校正するかは大きな分野を占めている。この文章作成、校正の技術は、基本を学ぶことも大事だが、どういう文章づくりをすることで読みやすくなるのか考え判断する経験を積むことがもっとも重要である。

以下は、テキストのようなものではなく、私の経験則の中から生まれた基本であって、こうしなければならないというものではない。しかし、文章を書き、読んでいく上でキーになるものだと思っている。伝わる文章、リズム感のある文章、自分らしい文章づくりを目指して、文章に触れることが楽しいものになってほしいと思うし、「自分流」を作っていく糧になればと思う。

読みやすくするため2ページにまとめ、その終わりに「教訓」と「↓」を付け、心がけたらいいこと、実践したらいいことを記してみた。

句読点をあやつれ

――いい文章は句読点を極めることから

文章作成技術としてもっとも大事なのは、句読点である。『学問のすゝめ』など時代がさかのぼると句読点がわずかだったりなかったりするが、現代のように国民すべてが文章に接触するようになると必須のツールになっているということができる。また句読点は、紙面にシロを作り、見た目でも読みやすく感じる役割も果たしている。

句読点というと、主語や接続詞の後に打つ、息つぎのタイミングで打つなど、学校で習ったルールや自分の習慣で無意識的に打つケースでは、やたらと読点が多くなる傾向がある。

〈読みやすさ・分かりやすさ〉を制御する役割を持つ句読点は、書き手と編集者が自分のルールをしっかり持ってしないと一貫性のないものになってしまう。その句読点を制御する上での基本は、早く読めるスピード(アクセル)と意味を通す(ブレーキ)である。つまり、読む上では引っかからないことが重要で、繰り返し読まないと分からないのは明らかにスピードが落ち、読み手に苦痛を与えることになる。さらに、書くということは言いたいことがあるということで、主張したいことの意味が正確に伝わらないことは致命的である。書き手がここで何を言っているのかが分かるという正確性は、文章作成上の命とも言える根幹部分なのである。

読み手にストレスをかけず読んでもらい、意味を考えてもらうことが、いい文章になるのだと思う。意味を通しやすくするために打つということは、意味が通る限り不必要な読点は打たない、ということでもある。

（事例）

・ここからはきものをぬいでください。

・先生はあくびをしながら勉強している生徒をぼうっと眺めている。

よく出てくる例で、意味を通すため読点が必須というケースである。なければ読み手は立ち止まるどころか、「まさか服を脱げとは言わないだろう」「あくびをしているのは先生だろうか生徒だろうか」と考え始めないといけなくなるので、どうしても書き手側がどちらなのか判断を示さなければならない。

ちなみに、「きもの」か「はきもの」かは着物、履き物と漢字を使えば誤読は避けられるし、「あくびをしながら先生は…」または「…先生はぼうっと見ている」と書き手が文章の構成を変えることで意味は通るようになる、というケースでもある。

教訓：無意識に句読点を打つのはやめろ。意味が分かりにくい文を放置するな。

↓文章の意味・意図するところを考えて句読点を打とう。

主語は誰か

——文章の主語を明確にすることに妥協なし

日本語の文章は主語が省略されていることが多くある。それは、日本人のあいまいさゆえ、との言い方もされる。文章作成において明瞭さを追い求めることは、読みやすさ・分かりやすさに直結するからでもある。主語を問うのは文章の明瞭さと密接な関係があるからでもある。

ちょっと長いがテーマを語るため、一段落すべてを引用する。

（事例）

「インターンシップは、大学生の7割以上が参加するという一大行事だ。今までも文部科学省など中央省庁が標榜する「就業体験」と、実態との乖離（かいり）を問題視する指摘があった。事実上の選考ツール化や1日だけというような短すぎる期間、大学生をただの労働力とみなす企業といった実態についてだ。」

（日本経済新聞 2019.10.2）

「今までも…指摘があった」の文章の中に、またその前後の文章から主語を見いだすことができない。「が」の上にある「文部科学省など中央省庁」が主語だろうかと読み返すと、そうではない。

この段落で言いたいのは、大学生が多く参加するインターンシップの実態は文科省などが推し進めたい内容と違う、ということであろう。ところが主語が不明確になることで、文章の趣旨を素早く読み取ることが難しくなっている。そして、その影響は段落全体にまで及んでしまっている。

「今までも…指摘」してきたのは誰だろう？　大学生？　大学側？　教育関係者？　経済界？　国民？　ひっくるめると、「社会・世間」になるのだろうか。主語がないことで、「みんなが言っている」と、書かれていない行間を連想させる効果になっている。その裏には、「私」が隠れてある。

このような場合、編集者は常に「主語は誰か、何か」を問わなければならない。書く時も読む時も、「この文章の主語は誰（何）だろう？」と問い、「私は…」に近い表現ができないのか考え続けることで、次第に文章は明瞭になってくる。

日本語が持つ表現の柔軟さは日本人の性格にも影響を与えているが、それを弱点にしないためにも主語が明確な文章づくりを心がけていきたいものである。文章をあいまいにしないということは責任をあいまいにしない、ということにつながるのである。

教訓：あいまいを許さず、明瞭な文章を追いかけよう。
↓「主語は誰か、何か」を問い続けよう。

「も」がきたら一度立ち止まれ
――「も」か「が・は」か、迷ったら「が」「は」を使え

日本人が「も」を使いたくなる理由として、日本語の特質として便利だということがある。

例えば右の2行の文章を書いている途中でさえ、「…ことがある」を「…こともある」に変えたい衝動に駆られてしまうほどだ。というか、初めから「も」を使う例の方が多いかもしれない。

(事例)
日本人が「も」を使いたくなる理由として、日本語の特質として便利だということもある。

この方が、心は安寧でいられる。「述べてはいない他の理由もある」という意味を含むから。このように「も」は、主語を明確にしたくない時、断定を避けたい時、多用される。こういう使用は教師やインテリに多いのだが、逃げておきたい気持ちの現れということができる。

つまり、「が・は」としたとたんに、書き手「が」理由を一つだけに断定していると受

け取られる可能性があるのである。私「も」そう思うけど他の人だってそう思っているはずという逃げ場を作ることができる便利な言葉は確保しておきたくなる。書き手は逃げようと意識して「も」を使っているのではないかもしれない。それほど、自然に無感覚で「も」が使われる。

＜自分はどうなんだろう＞に迷ったらまるでクセのように使ってしまう「も」は、日本人が「あいまい」と言われる所以を増幅してしまう語とも言える。

編集者は反対に、これを駆逐する側に回らなければならない。＜ここは本当に「も」じゃないといけないのか∨と立ち止まり、自問自答をする。この文章は誰が、どういうことを言おうとしているのかを考え、本当に「も」じゃないといけないのかを考えるクセを着けよう。時に、「が」や「は」に置き換えて同じ文章を読んでみる。すると、文章が明確になり、すっきりし、分かりやすくなっていることに気づくだろう。そして、改めて＜ここはどっちなのか＞を考えてみたいものである。

これは、もし自らが書き手に回った時にも言えることである。「も」と書いたとき一度立ち止まり、本当に「も」でないといけないのかを問い、「が」「は」を極力使う書き方を確立することで、随分と明確な文章づくりができるようになるはずである。

教訓：「も」をやめると、文章や意味がスッキリ、明確になる。
↓文中に「も」があったら一度「が・は」に置き換えてみよう。

「が」「は」が2度続く時は主語はどっちかを考えろ
——主語に読点を打ち、そうでない方は続けろ

(事例)
「2002年、河村氏が国税当局が組織ぐるみでOBを企業の顧問税理士としてあっせんしていたことを追及したのは有名だ。…」
(「河村・名古屋市長　国会論戦を聞く」朝日新聞 2010・10・14)

「2002年、河村氏が国税当局が…」と、ここまで目が文字を追っていった時点ではまだ、主語が河村氏なのか国税当局なのか分かりにくい。読み手は、河村氏はどうして、国税当局はどうしたのだろう?と思いながら読み続けるだろう。「追及した」まで目がいって初めて謎が解ける文章の構造になっている。そこで、何が有名なの? 誰が追及したの?と逆算しながら文の先頭に戻ることになる。

このややこしさは、「国税当局が組織ぐるみでOBを企業の顧問税理士としてあっせんしていた」「河村氏が…追及した」という2つの文が1つになっていることから起きている。記者が、「が」を重ね、どちらにも読点を打たなかった理由はいったいなんだろう。想像するのに、「2002年河村氏が、」とする手もあったが、先に「2002年、」としてしまったので漢字が続くことを避けたかった、と推測することができる。

だが、この複雑さは読点の打ち方で解決できる。

まず主語を探して、河村氏なのか国税当局なのか判断し、そこに打つのである。

A「2002年、河村氏が、国税当局が組織ぐるみでOBを企業の顧問税理士としてあっせんしていたことを追及したのは有名だ。…」

しかし、読点が近くで続くのを割けたくもある。別の方法もある。

文末から謎解きをして、何が有名なのかというと「追及した」こと、誰がというと「河村氏」であることから、

B「2002年、国税当局が組織ぐるみでOBを企業の顧問税理士としてあっせんしていたことを河村氏が追及したのは有名だ。…」

また、主語を早く示したいと考えた場合、

C「河村氏が2002年、国税当局が組織ぐるみでOBを企業の顧問税理士としてあっせんしていたことを追及したのは有名だ。…」

と、文章の構造自体を作り直す方法である。

正解はないが、文章を理解しようと読む人の目を止めないとすると、3つのケースの中ではCがはるかに分かりやすい文章であると言えるのではないだろうか。

教訓：「が」「は」が2度続くとき主語を探せ。

↓文章の主語はどっち？　文章の構成も再検討してみよう。

「る」「た」の後は切らずに続けろ

――誤読が起こらないと判断したら続けろ

「る」と「た」の後に読点を入れないと気がすまない人は実に多い。ところが「る」「た」は、日本語において文章が終わる時に来る語、句点の前に来る語でもある。

句読点を「区切り」の合図であると考えると、「る」「た」の後にいったん息つぎしたくなるのも分からなくはない。しかし、その信条を貫くことで、文章が理解しにくくなるリスクの高い語であることを頭においておかねばならない。

（事例）

「中米・古代マヤ文明をさかのぼる①紀元前約１５００年前に出現した②オルメカ文明の全容を紹介する③日本初の本格的な展覧会「古代メキシコ・オルメカ文明展」（京都府・京都文化博物館・朝日新聞社主催）が京都市の京都文化博物館で開かれている④巨大石造物や多彩なヒスイ製品を生み出した⑤オルメカ文明の世界と『マヤへの道』をたどる⑥日本メキシコ交流４００周年を記念する⑦企画だ。」

（「母なる文明」の世界へ　朝日新聞 2010・8・7）

この5行の文章の中に、「る」が5つ、「た」が2つある。「る」「た」の難しさの一端を示すため、句読点をすべて削除してみた。さて、記者はどこに、どう入れただろう？消去法でいくと、「る」の5つ目の「記念する⑦」の後はない、「開かれている④」の後は句点が入ると想像できるので、残るは3つ。「た」について、読点を打てる可能性はあるが、記者は入れてないと否定しておく。さらにヒントを言うと、記者は3つの「る」のうち1つは続け、1つは読点を入れ、1つに句点を入れている。さて、どこだろう？

答えは、「紹介する③」の後は続け、読点を打ったのは「さかのぼる①」の後、句点を打ったのは「たどる⑥」の後である。ただこれは正解というより、記者はこうしたという話であって、いくつか疑問が生じる。一番の疑問は、「…『マヤへの道』をたどる。日本メキシコ交流…」の「る」の句点である。

・「…紹介する日本初の…」の如く、句読点は入れず続けて読めるのではないか？

・「…さかのぼる、紀元前…」の如く、読点を入れるのがいいではないか？

この疑問は、どちらでもいいというより句点ではなく読点である可能性が高く、とすると誤植ではないかという疑いさえ湧いてくる。

「る」「た」の後の読点は分かりにくさを作ってしまう。このリスクを防ぐには、誤読が起こりそうな場合のみ読点を入れ、そうでなければ続ける、がいいと思う。

教訓:「る」「た」の後は、誤読が起こるか、読み取りにくさが生じるか、で判断しよう。

↓誤読につながらないと判断したら「る」「た」は続けよう。

会話文「　」内の文章は極力読点を入れるな
——書き言葉の中でも「　」では話し手の口調を生かせ

書き言葉と話し言葉は違うし、文章づくりではその違いを楽しみたいものである。ペンを握っていると、つい話し言葉も書き言葉になってしまうが、話し手の言葉を「　」でくる時は、話し口調がより生きるように努めるべきだと思う。その際の手法は、読点は省いた方がいい、である。


（事例）

「絵画や、写真や、料理を通して、人がつながる場を作りたい」。東京で活動していたフォトグラファーの深田名江さんは、生まれ育った築80年の家をリノベーションして、サロンをオープンした。

（「とさぶし」19号　行ってみたい！古民家ショップ2017）


右は当初の原稿で、「や」の後は読点で区切られていたが、最終的に印刷物になった時は読点はトルにし、つなげた。

「絵画や写真や料理を通して、人がつながる場を作りたい」。

これが完成形だが、さらに残った読点さえ削除して一気にいってもいいかもしれない。

「絵画や写真や料理を通して人がつながる場を作りたい」。
少なくとも取材現場では、話し手はどこに読点を打つかなどは意識しておらず、かなりのスピードで話しているはずである。その勢いや空気感、話し手の個性を消さないようにすることで、読み手は文章全体をメリハリが効いた感じで読んでいくことだろう。

一方、方言を話し言葉として「　」で入れる時は、分かりやすさ優先で読点が多くなるのもやむを得ないと思う。

（事例）
「鳥も来るきネットを張っちゅうがやけど、まっことてこにあわん」と永野さん。

（「とさぶし」11号　特集　8月の日曜市 2015）

これが冊子では完成形である。「まっこと」「てこにあわん」は土佐弁解説を紙面隅に入れる対策を取って、読点が増えるのを防いでいる。「鳥も来るき」の後に読点を入れる、半角以下のスペースを入れる、という手も残るケースである。

教訓：話し言葉を「　」でくくる場合、省ける読点は極力省く。
↓まず読点なしの文章を作り、どうしても要るかどうかを判断しよう。

ワードや一太郎に任せるな
――等身大、ありのままにこだわれ

パソコンで文章を作っていて、「とりくみ」と打ったら「取組・取組み・取り組み」と出てきたけど、「あれっ、どっちだっけ?」ということがある。世の中は便利になって、「辞書を引く」という言葉はもはや死語になりつつある。

こんな時、自分が日常使っているものを使う、を原則にすべきと思う。ふだん使わない漢字を使うと文章が難しくなる上、自分から文章が離れていき、よそよそしくなり、読み手にも距離を感じさせることになる。漢字自体は間違っていないが、できるだけひらがなを使うようにしているものがある。例えば、

・様な、風に、無い、等、為、直に　など

・早速、流石、可笑しい、可愛い、優れる、有難い、宜しく、…ヶ(カ)月　など

漢字にするかどうか、送りがなはどうするか、漢字変換して出てくるものに対して無頓着なケースが多いが、無原則に決定キーを押していると、漢字や送りがなに統一感がなくなってしまう。自分らしい文章を目指すとすると、パソコンやスマホのすることに身を任せるわけにいかない。ゲタは人に預けるものでなく、自分で履くものである。

「良」を例にとってみる。

「あの子は良い子だ」「それで良いと思う」「ボランティアに行くのは良いことだ」「赤

色と青色とどっちが良い？」
これらは、どう読むだろう？「よ」それとも「い」？　入力した時は、「よ」と入れただろうか？「い」と入れただろうか？　話し言葉では、いずれも「よい」とは発音してないはずである。しかし、「いい」と入力すると必ず「良い」が候補に挙がってくる。
さらに問題は、「いい子」と「良い子」はひらがなと漢字でニュアンスが違ってくるということである。「よい」は、「good」の意味で形容詞として使われるケースと、「ok」の許諾・許可の意味で補助形容詞として使われるケースとがある。
「それでいい（と思う）」（肯定）
「それで良い（と思う）」（許可）
「それは善い（と思う）」（賛美）
「それが好い（と思う）」（選択）
日本語には、いろんな漢字が当てはまる「いい」がある。その判断を読み手に任せるわけにはいかない。どちらでもいいではなく、書き手が、編集者が、「いい」「よい」どちらに読んでほしいのか、判断しなければならない。「いいね！」はやっぱり「よいね！」ではないのである。

教訓：他にゲタを預けたとたんに、文章はどんどん自分から離れていく。
↓慣れない言葉は使わない、書けない漢字は使わないようにしよう。

禁則処理を覚えろ
――そうでないとＡＩにやられる

ワード・一太郎は、漢字変換をスムーズにするだけでなく、勝手に字下げをしてくれたり番号を順に付けてくれたり、日本語の文章づくりを支援する、ということをしている。しかし、時に「いらんことをするな」ということをやらかし、そのせいで勝手な行為を解除するのに四苦八苦することも起きている。

ワード・一太郎は単なるワープロソフトではなく、ＡＩと思うべきである。コンピュータの特徴を活かして、同じ段落の数行先を読み切って自ら処理をしているのである。そのルールは、実は印刷の版を組むための「禁則処理」に基づいている。

・行末禁則：行の末尾に置かないものとして、「 〃 など
・行頭禁則：行の頭に置かないものとして、」 っ ？ 。 など
・分離禁則：2文字分がセットであるものとして、…… —— 々 など

これらは単独でいることができず前後にある語に付くものとされ、2行に別れたりページがまたがったりすることを「泣き別れ」と呼んで嫌う。

極端なのは、数字や英語の分断を嫌うことだ。「2020年」「1,023,560円」などや「difficulty」「communication」なども行がまたがることを拒否する。結果、行が間延びしたり詰まりすぎたりしてバランスが悪くなる。機械任せで放置された状態のものを見

かけることがあるが、こうした時はコンピュータの命令を解いて手動に戻すハメになる。反対に、「なんとかならないか」と思うことであっても、コンピュータは平気なこともある。例えばページをめくった次のページに「た。」が1字だけ残ってしまったケース。その次に続く行があればまだしも、別の章が始まるため1頁の上の隅に「た。」しかなく1頁すべてがシロの世界になってしまうことがある。このケースにコンピュータが無関心なのは、これが禁則事項に当たるとはみなしていないからだ。機械がしなければ誰がする!? 人だ! やはり、積極的に「た。」を前の行に詰めるよう、人為的に調整すべきだろう。

かつて活版時代、文字と文字の間は1文字の4分の1アキで組まれた。写真植字の時代には0、25ミリが決まりであった。コンピュータ時代の今は0、001ミリ単位でアキが作れる。コンピュータには速さだけでなく自由度の高さというものがあり、恩恵に浴さない手はない。

機械は計算が得意で、変換効率を始め得意な分野を進化させてくるだろう。だがＡＩは、書き手や編集者がしているように上から紙面を見ることができていない。まだまだ自分がコントロールするという編集の技が欠かせないのである。

教訓：裏でコンピュータが動いていることを忘れるな。機械任せにするな。

↓コントロールするのは自分だ、と心しよう。

イヤを作れ
――これは避けたい文章表現

「こういう表現はイヤだな」と思う文章に出合ったことはないだろうか？　自分がやりたくないことはしない、という姿勢を保ちたいものである。これは反面教師としても個性としても大事なことで、自分にとってイヤな言葉は、他人に提供したくないリストとして登録しておくぐらいであっていいと思う。そうすることで徐々に、自分の流儀ができてくる。すると、文章からイヤ味が減り、安定感が増すことになるのである。

例えば、「**先に述べたように**」「**前にも書いたが**」は、なかなか危険な言葉である。書き手は「前の方にもあるので見てね」と丁寧に言ったつもりでも、読み手には「2度目だぞ、よく聞け」と受け取られかねないリスクを含んでいるからである。とりわけ、目上の人に対しては避けたいところである。

最近流行っている「**なので**」も、話し言葉として「」内で使うにはやむを得ないと思うが、書き言葉として使うと「いま言った通りで」のニュアンスが入り、周りを見ていないマイペース感が出てしまう。読み手とは話すほど近い距離にいないわけだし、「つまり」「そういうことなので」など別の言葉を当てる工夫をするべきと思う。

「**…らしい**」「**…そうだ**」「**…と言う**」も必要な箇所以外はできるだけ避けたい言葉である。なぜなら、逃げの手であるし、使用された箇所だけでなく全体まで自信がないように映ってしまいかねないし、アマチュア感も漂ってしまう。できるだけ断言する姿勢を心がけたいものである。

文末にくる「**大変よかった**」「**とてもおいしかった**」などはハナから拒絶すべきだと思う。具体性に欠け、単にツッコミ不足を露呈するようなものである。「どうよかったのか」「どのようにおいしかったのか」、中身を何としても伝えなければという姿勢を堅持したいものである。

文末の例のついでに、「**…と笑顔が広がった**」なども何としても避けたい言葉の一つである。最後をどうまとめたらいいか、書き手の困り顔しか浮かばない。お茶を濁した文章になり、感動が広がるどころかしぼませてしまうであろう。

とりわけ私が使うのを回避しているのは、「**やらせる**」「**させる**」である。教育的世界からこの言葉を失くすのは不可能に近いだろう。しかし、この反対語は「やらされる」「させられる」である。一方に命令的な気持ち、一方に従う気持ちが一分《いちぶ》でも生まれないことはない。「やってみた」とか「してみよう」とか別の表現に切り替えていく努力をしたいものである。

好きじゃない言葉は使わない、ここから自分の世界は築かれていくはずである。

教訓：自分の流儀を作れ、自分にとっての禁句を持て。
↓自分らしい文章を追いかけよう。

番外編

・ウスバカゲロウ

小学校5、6年か中学校1、2年のことである。理科の授業だった。先生が生徒に順番で教科書を1頁くらいの分量ずつ読ませていく。自分の番がやってきた。文章を読んでいくと、カタカナにぶつかった。行の下に「ウスバカ」とあり、次の行の上に「ゲロウ」とあった。もちろん何の疑いもなくウスバカ・ゲロウとそのまま読んでいくと、誰か正体を知っている人がいたのだろうか、教室中が大爆笑となった。何が起きたのかまったく分からなかったが、誰かが小さい声で教えてくれ次の人にタッチした気がする。ウスバ・カゲロウとすぐ分からなかった自分も恥ずかしいが、嫌いな理科がさらに嫌いになったのは言うまでもない。

今も忘れられないトラウマ的事件であるが、こんな子どもの心を傷つけることに編集者は平気であってほしくない。

最近、こんな記事（高知新聞　2019.9.13）を目にした。見出しを見ると、２０２０年1月実施の台湾総統選挙に関するものである。

行の下に「韓国」とあり、次の行の上に「瑜」とあった。ふつうのスピードで読んでいたが「ん？」と立ち止まった。「あれ、これ韓国の選挙だっけ？」「違うよね、ということは台湾に韓国という姓の人がいるのかな？」。一字独立していた「瑜」が読めなかったことも謎を深めた。結局、「韓が姓、国瑜が名前に違いない」と気づくまで、この場所でかなりの時間立ち往生することになった。

文章を紙面に組んでいる人が機械任せに流すのではなく、よく見ることをすれば防げただろう。他の手として、「韓」には「かん」、「国瑜」には「こくゆ」とルビを振っておけば、行の下に「韓」、次の行の上に「国瑜」と機械が勝手にしてくれたのに……と幼い頃の記憶がよみがえってきて思うのだった。

・…させていただく

「…仕事をさせていただいています」「…指揮を執らせていただいています」など、敬語を知らないという若者からこんな言葉をよく聞く。若者の事例には当てはまらないが、最近目にしたものである。

〈事例〉

「私は本当に弱い選手でした。…略…弱い私を根気よく指導してくださってありがとうございました。監督の貴重な時間を費やしてくださってありがとうございました。オリンピックのメダルを取らせてくださって、世界記録を出させてくださってありがとうございました。どれだけの感謝の思いを述べても伝えきれません。」

（高橋尚子弔辞　小出義雄監督葬儀で　日刊スポーツ　2019.4.29）

「生きているんじゃなくて生かされている」という感覚は、人間のおごりを戒める意味では有効だろう。しかし、である。金メダルを、自分の意思・努力抜きで獲れるわけはないだろうし、他の箇所はともかく、ここは「金メダルを獲ることができました。それも皆さんの応援や監督のおかげです」と言うべきところと思う。そうでないと、厳しい練習をしてきたのは、自分の意思ではなく、監督がすべてお膳立てしてくれたからとなってしまう。きっと監督だって、「Qちゃん、自分の努力の結果だよ」と言うであろう。

Qちゃんだけでなく、何人かのメダリストが同じ表現をしているのを耳にした。「どうだ、獲ったぞ」とドヤ顔するよりはるかに心地いいが、冷静に考えると、一緒に走った選手に「勝たせてあげたい」などの気持ちはないはずなので、失礼感が出てしまう。

若者が「…させていただいています」と言うのは、「おかげさまで」の感謝を表そうとする気持ちかもしれない。今どの言葉を使うのが適切かを考える（編集する）ことを省略し、とりあえず失礼にならない言葉を使っておこう、との表れと捉えることができる。へりくだるのもいいが、自分を裏側にまわす謙譲の気持ちを表現する際は、自分の意思はどこにあるのか、もう一度噛み締めてみたいものである。

「…させていただいています」は英訳されると、「I will …」にしかならないのだから。

・見出しを追い出す

「泣き別れ」の一つとして、見出しがページ隅にポツンと残されるのを嫌うということがある。これは、見出しが次に続く文章に付いているものとして認識されていることによる。

と同様に、目で見える2頁に開いた最後の行を何にするのか、ページごとに編集者は悩む。それはマンガと同じで、次のページを開くきっかけになるからである。

『無能男』の最後の場面である。

(事例)

「いいや、俺より綾香の方が魅力的な人間であることは確かやな」

「そりゃあたりめーだよ。あんただったらダンゴムシぐらいでちょうどいい勝負だよ」

「あのさぁ、ひとつ聞いていていい?」

「なんだよ」

「……俺に良いところって何かあった?」

「うーん、本当にないと思う」

男が女にボコボコにやられながら、別れる前に最後の問いをするシーンである。読んでいて、「ひとつ」がこの小説のキーワードになっている、と思った。となると、この前後も会話が続いているのだが、6行ある「　」の3つ目「あのさぁ、ひとつ聞いていい？」を、どうしてもページの最後に持っていきたくなる。次の行の「なんだよ」まで見せたくない。そのため、ずいぶん前のページから字を詰める・延ばすを繰り返しながら調整していくことをした。

この1行を読んでページをめくってほしい、そんな想いや作業は誰も気づかないし、仕掛けられているとも思わない。どんなに編集者が読みやすくしても、主張を通しやすくしても、である。これでいいのだ。こうしたこだわりで著者の想いに共感しながらプラスαのことをして効果を高め、満足を得るのが編集者だからである。

まとめ編：ルールは我にあり

・自分流のルールを作る

いろいろと書いてきたが、これらは出版界の共通する編集ルールでも何でもなく、自分はこういう形が好き、読みやすい、伝わりやすい、というものでしかない。

編集者の個性とは、伝えるために最適の配置をするやり方の違いであるとともに、ここでは何が大事なのか自ら感じたことを悟られることなく強調するやり方の違いでもある。

（事例）

「久保は前だけを見据えていた。日頃から「年齢は関係ない」と公言する18歳の定位置奪取宣言だった。」

（スポーツニッポン　2019.9.4）

さて、この文章のどこに記者は読点を入れただろう？　1箇所だけ入れている。読点を打つ可能性がある場所は、「久保は」「日頃から」「関係ない』と」「公言する」「18歳の」の後の、5箇所が想定できる。

記者は「18歳の」の後に読点を入れているが、そのことで「18歳」を強調することになった。理由はおそらく、18歳の若さで遠慮もなしに先輩から奪取すると言う久保はすごい！と感動したのだと思う。他の4箇所にも打てないことはなかったが、ここのみに打つことによって18歳が浮きだち、定位置奪取宣言が浮きだち、記者の想いが伝わっていくことになったことは間違いない。

これは句読点の事例だが、自分流のルールを持って、文章づくりを楽しめるようになってほしいと願う。自分流を目指し、多様な表現形態を獲得することは、どんなに自分の幅と人との交流の幅を広げることになることだろうか。

・編集は怖い道具である

多くの編集経験者が言うことだが、私もそれを言わなければならない。「ペンは剣よりも強し」という諺があるが、編集は怖い刀を振るうことであることを肝に命じて当たることが欠かせない。

なぜなら、常に「分かりやすさ」に努めている編集者は、「分かりにくさ」を作ることができる人でもあるからである。どう作るのかと言えば、述べてきた編集の技法の正反対のことをすればいいのである。

「河村氏が…」の例（40頁）を挙げたが、ややこしい文章を配置すれば読み手はうんざりして、もうその後を読まなくなるだろう。作り手からすると、目立たないようにしたり読まれにくいようにしたり操作することが可能なのである。

写真の例が分かりやすい。写すということはさも現実を映しているように見えるが、実は一部を切り取っているにすぎない。切り取ることで強調し、見る人に働きかける力を強くするわけだが、そこに撮影者の「作為」が存在してしまうのも事実である。

「編集」とは、客観的なように見えて主観的なものである。絵画だって小説だって、切り取られて主題が追求されている。公正を謳う新聞やニュース・映像も切られた塊であることに変わりはない。「剣より強いペンは怖し」である。その「怖さ」を知らないで編集に当たることはできない。そのことを自覚しながら、編集することを楽しみたいものである。

3　地域を編集する
――コーディネートの中核技術は「編集」である

1、「地域」を編集する

私たちは今から13年前の2006年、「いなかインターンシップ」を取り組みコーディネートを体験した。その記録『未来を耕す――いなかインターンシップの挑戦』が残っているので、少し紐解いてみる。

2006年というと、5年前に小泉内閣が発足し「官から民へ」と規制緩和が進み、アメリカのネットバブルにあおられて日本でもITバブルが起きたがライブドア事件などがあって急ブレーキがかからんとする、そんな時期であった。とは言っても、まだベンチャー留学や企業インターンシップは盛んで、新しく事業を起こしたり業務を指揮管理したりの実績を持つアントレプレナー・スーパーバイザーの下に、学生は何か自分を変えてくれそうな期待を感じて、都会へ流れていった。地方でも、起業家や強い個性を持つ企業人に学生がインターンシップする例もあった。

そんな中で、わざわざ「いなか」へ行ってインターンシップしないかというのは、逆向きで場違いな提案であったのだろう。同年、経済産業省が後援する「チャレンジコミュニティ創生プロジェクト」事業（ETIC. 主催）に応募し、プレゼンした最終選考で審査員から「なぜ田舎なのか」「なぜ嶺北なのか」という質問が出たほどである。（結果は落選）

そのような状況を、「インターンは『企業』『都市』といったイメージが強かった。これまで、いなかには『研究者的視点』でしか見ていなかった。大学の研究視点で見ると、いなかの『課題』はよく見える。人もいない、組織もない、金がないとブツブツ言ってるイメージ」（66頁）だった、とインターンをよく知る大学の先生が告白してくれている。

私たちは、いなかインターンシップを次のように捉えていた。

「いなか、地域への関心を呼び起こし、インターンした学生自らが、れいほくの地に限らずとも地域と関わる仕事に、地域おこしを支援する地域編集者に、そして地域で起業するなど、地域の後継者を育てていくことを目的としている」（16頁）

ここで言う「れいほく」とは、高知県嶺北地方（大豊町・本山町・土佐町・大川村・旧本川村）のことで、高知市から北の1000メートル級の山並みのさらに北側、2000メートル近い四国山脈との間に挟まれるようにある地域で、高知市から見ると少し不便で存在感の薄い地域である。この嶺北地域を舞台に、「若者が一定期間いなかに住み、そこで農業や林業など地域の仕事を担（い、）地域で活躍する社会人を『師匠』に、仕事を任され、地域での暮らしを体験」（5頁）することで目的に近づこうというものであった。

3年間の取り組みで、学生約100人が参加し、受入先は約20か所と次第に増えていった。その中間総括として、「いま若者の中に、地域おこしに加わりたい、いなかを元気にしたい、人と人を結ぶことをしたい、と考える人が生まれている。地域編集者の卵であるが、未来に向かってこれを業種として確立することが求められてい（る）」（17頁）との表現があるように、安定安全を求める学生がいる一方で、「人をつなぐことをしたい」「人の役に立ちたい」という思いを持つ若者が増えてきていることを、いち早く気づくことができた。

その気づきは、「人や地域のために貢献したい」が仕事にならないだろうか、という思いに発展していく。「人のため」「人をつなぐ」をどうしたら仕事化できるだろうか。この答えの一つとして、「つなぐ」代表的な仕事であるコーディネーターを地域に育てることが、これからの社会の課題でもあるとの認識を持つに至ったのである。

その辺の気持ちを、大学のある先生が代弁してくれている。

「外からコンサルタントがやってきて、ちょっと提案してすぐに帰っていくような従来型の方法ではなくて、企業が思いつかないような方法で、いなかにいながら、そこでコンサルティングすることが十分可能な時代になってきた」（71頁）

ここに地域の未来が託されている、と感じたのである。

2、主体の動機と向き合う

「いなかインターンシップ」をコーディネートするにあたり、ここでも編集の技法をいかんなく発揮することになった。

まず「インターンシップ」そのものを編集することから始まった。企業インターンの目標は「企業への貢献」であったが、いなかインターンシップでは「学生の成長」に置いた。(10頁)

そこで一番配慮したのは、学生のインターンをする「動機」である。学生はふだん先生の指導下にあり、何をするにも先生の顔色や機嫌をうかがいがちである。卒業単位が気になり出席数が頭の隅に常にある。「先生はいないよ、単位にもならないよ、それでもする?」と学生に問いかけていく。「何のためにインターンをするのか」が明確になるよう聞き取りをしていくので、学生も「自分自身にとってこのインターンはどういう意味があるのか」と目的を確認していくことになった。こうして学生は、ずっと「自分の意思」と向き合うことになる。これは継続力・持続力とも関係することが、進めながらわかってきた。

もう一つの配慮は納得のいく「課題設定」で、それぞれの目標や動機を話しながら、どういうテーマだと力を発揮しやすいか、課題の適切性を見極めていく。そのため、学生と「いま一番やってみたいことは？　一番興味があるものは？」を話し合う。受入先とも「いま一番困っていることは？　学生と一番取り組んでみたいことは？」を話し合う。さらに、学生であれば、どう育ってきたかを始め、どんなことに興味を持ち、どんなことをしてきたか、将来のことなど、話せる範囲のことを聞く。企業であれば、創業時のことや歴史を聞くし、仕事内容や景気も聞くし、仕事にかける想いや夢なども聞くことになる。

これは単にアンケートやヒアリングではなく取材なので、バラバラな情報を整理しながら、時には学生と受入先の企業・組織が直接話し合うことをし、しっかりと真意を理解していくのである。得られた情報を元に、どのようなことをしていくと効果が出るのか、どういう過程を取れば目標に近づくのか分析し、一人ひとりに則した具体的な課題を決めていくことをした。

目的、行き先、課題が決まっていくと、日程をどうするかを調整していく。日数は2週間以上を原則としたが、アルバイトがあったりサークル活動があったりするので、日程は学生優先で組んでいく。こうして、すべての過程を話し合い、納得して決めていくことに努めるのである。

実際のインターンの中では、課題をこなしていると次の課題が浮かび上がってきて、学生自ら「こうしたい」を見つけ、目標が自動更新していくことにつながっていった。

また、インターンはせっかく学生が自主的に動こうとするものだから、学生同士のつながりや相談ができるピアサポート組織を作り、学生自身が学生を見る「目の機能」として冊子を発行し、「これはおもしろい」「他の人に知らせたい」と評価や激励ができる体制を取るという形でインターンシップを構築していった。

もちろん、私たちは裏方として走り回った。荷物や布団を運ぶ。洗濯機が壊れ洗い物ができないと連絡が入れば、中古の洗濯機を買って運び入れる。なにせ、当時の学生は宿泊する集会所にゴキブリが出ただけで電話をかけてくる。宿泊場の学校の裏に墓場があり、夜中に犬が鳴くとオオカミの遠吠えに聞こえ寝られなかったと訴えてくる。高知市から嶺北まで往復約100キロ近くを何度走ったことか、思い出は限りなくできた。

その間ずっと、恩に感じないやり方、編集する者の存在を感じさせないやり方が通されたのは言うまでもない。「コーディネーターのおかげ」という言葉が最後に出てしまう動きをしてしまったら、学生は「自分が動いた、自分が獲得した」とならなくなってしまうからである。

ビギナーズラックと言うべきか、こうしたコーディネートの中で1年目から成果が現れた。ある大工の息子は、林業を体験しながら高知の林業を立て直すヒントを得たいと、土佐町の木材会社に3週間、地区の集会所に泊まり込んでインターン。SEGC認証取得に取り組みながら林業の勉強をし、終了後も自分でインターン先を訪ねるなど交流を続け、やがて高知県が進める森林環境税の県大会に嶺北代表のパネリストとして壇上に上がるほどになった。

彼は1年後、もう一度インターンを自ら志願。その申し入れに、「森を守るには木を使うことだ」が信条の木材会社の社長も奮起し、「木造建築士は減っているし、大学の建築科を出てもなれない。ならば山だらけの嶺北に設計士の卵を集めた滞在型のセミナーを開く」という日頃考えていた森を守るためのプロジェクトを提案した。彼は学友に呼びかけ、大人から資金も集め、地域の人を巻き込んで、ついに「森の未来に出会う旅―森から学ぶ木造建築等の設計士セミナーin嶺北」を全国から約20人参加を得て成功に導くことができた。

そして、「5年やれば100人の木造建築の設計士が生まれる！」と後輩に夢を引き継ぎ、とうとう5年間やり抜いたのである。

いなかインターンシップ2年目には、嶺北にUターン後起業した犬小屋工房にインターンした女子学生のプレゼンテーションが第一回地域若者チャレンジ大賞の最優秀賞となり、全国408事例の頂点に輝く実績も出た。

3年目は、学生2人がいなかインターンシップを卒業論文に取り上げた。1人は「現代を生きる若者の自己肯定感を探る～「いなかインターンシップ」を事例にあげて～」で、首都圏にインターンした学生といなかインターンをした学生を比較して論述した。

インターンを経験した「都市型15名、いなか14名」にアンケートを実施した。その中で、「自分の気持ちや意見を述べることができるようになった（自己表現力の向上）」は都市型71％、いなか100％、「将来の自分の職業について考えることができた（将来の職業選択）」は都市型64％、いなか100％、（94・95頁）という数字が出て、アンケートを取った学生自身が予想外と驚いたが、企業インターンを進めていた先生にとっても興味深いものであった。企業インターンでは、学生に付く人が優秀なのでうまく合うと効果が高いものの、合わないと「だめだった」と自信喪失して戻ってくる学生がかなりいたのである。その意味で、いなかインターンシップの許容性の高さを示すものともなった。

そもそも「地域」で学ぶなどということ自体が「インターンシップ」の対象ではなかったと言っても過言ではない時代であったが、少なくとも地域で学べる、ということがわかったことは編集手法を用いたコーディネートの大きな成果であったと言うことができる。

※参考：「若者×田舎」で未来を耕す 地方出版社の「人の編集」×「地域の編集」＝「いなかインターンシップ」（現代農業8月増刊『農家発若者発 グリーン・ニューディール－地域雇用創造の実践と提案』2009年 農山漁村文化協会）に同趣旨で、くにみつゆかりが投稿している。

3、コーディネートの中核技術は「編集」

私たちは「れいほくでチャレンジ 日本をチェンジ」という今にして思えば挑戦的な

スローガンを掲げたが、それに応えるようにインターンする学生も「地域を活性化する」「地域を変える」と意気込み、地域で課題に取り組んだ。

いなかの課題と言えば、まぎれもなく人口減少である。嶺北地域も高齢化が進み人口問題に直面していて、市町村合併の風が吹く中、地域の宝である子どもたちが中学・高校・大学と進むごとに、その姿を消していくのをただ見ているしかなかった。「大学生世代がごっそり抜けている田舎に若者がうようよしている状態というのが、とても新鮮」(58頁)とは地域の人の言葉である。

かといって、しょせんよそ者、地域は誰でも受け入れるわけではない。いかに地域に溶け込むか、いつでもどこでも最初の壁が大きく立ちふさがる。いなかインターンも当然のようにまず、ここでぶつかった。

コーディネートには必ず対象者がある。いなかインターンシップにおける対象者は誰だろうか? つまり、主語は何だろう? それは、インターンの舞台となる「嶺北地域の人々」であり、参加する「学生」である。編集する者は、地域で暮らす人々と学生の間に立ち、あくまで住民主体、学生主体でコーディネートすることを最後まで貫き通していくことになる。

地域に入ると学生は、高齢者が多い、人があまりいない、閉鎖性があるなどいち早く気づくし、地域の人も、学生は挨拶しない、人見知りする、社会性がないなどの印象を持ち、互いに〈一見、負の課題がある〉ことに気づくことになる。

地域の人を前に学生がインターンの発表会をすると、聞いた人から「うちの地域は活性化してないとでも言うのか」「あんたたちに変えられる必要はない」といった声が出て、インターンそのものがおせっかいといった印象を抱かせてしまったことがあり、しばらく尾を引いた。学生の現状への正直な気づきであったとはいえ、地域の住民も主体者であるわけで、「変える」というふうに誤解をさせてしまったことは反省点であった。

しかし、編集とは対象となるものの魅力をより輝かせることでもある。地域と学生の〈魅力はどこなのか〉、それぞれのいいところにいかに早く着目するか、できるか、コーディネートの成否のポイントであった。

学生は地域の中で生活を共にすることにより、降りるバス停を間違えたら運転手さんが戻り方を教えてくれた、インターンの師匠宅で夕食を一緒にしていたら帰りが遅くなり宿泊所のおばちゃんが「まだ帰って来ん。消防に捜索してもらおうか」とか一騒動あったものの心配してくれたことがうれしかった、などの経験を繰り返していった。地域の人も、帰宅が遅れた学生を心配した宿泊所のおばちゃんは、携帯の電波が届かず連絡しそびれたことが後で分かって納得するなど、気持ちの交流が進んでいった。

学生は、困難を抱えながら日本の未来まで考えて企業活動をしている人がいること、新しい雇用を作って全国に販売を展開し成功させている人がいること、行政や福祉でも地域の人に寄り添い先進的な取り組みをしている人がいることなどインターンしながら知るにつけ、「活性化」「変える」という言葉を使うにしても丁寧になっていった。地域の人は、学生の若さと元気、一生懸命に取り組む姿、柔軟な発想、行動力など、その魅力に気づいていった。

地域の人々と学生は互いの魅力を知るにつけ、なかなか埋まらない「常識」のズレを時間をかけて埋めていくことで徐々に「期待」へと変わっていったと思う。

4、地域に編集者を

編集の技法では、諸問題・諸課題の背景をつかむことが求められ、当然インターンシップも問題・課題が生まれる背景と無関係にコーディネートすることはできない。一つの主体である学生の背後にあるものとは?を注意深く見ながらインターンを進めていった。

若者は時代が内包するものをもっとも早く映し出す存在で、現実社会を生きながら、楽しいことと辛いことに本能的、反射的に反応し、態度に現し続ける。若者たちに潜む、このわずかな微動は、本人も気づいていない無意識の希望や不安の表出と捉えることができる。若者にいま何が起きているのだろうか!?

地下に潜行する社会内部の変化は、若者だけでなく、耐性があるため気づいていないが実は大人にも及んでいると見るべきである。社会全体に潜行するものの背景をつかむことは、編集する上で俯瞰《ふかん》的視野を持つことになるだけでなく、未来の「予知」につながる重要な作業である。

その流れは、東北大震災で決定的になったように思われる。幸せを求めて大人たちが築いてきた便利さの裏側にある危うさが、見えたのだ。漠然としていたものが目前に現れ、これをきっかけに出てきた象徴的な言葉が「きずな」「つなぐ」であった。人と人はきずなで結ばれているべきだ、人や物や事をつなぐことで人に役立つことができる、社会に役立つことをしたい、という心理が全国的に広がったのである。

しかし広がってはいるものの、社会の危うさを埋めるまでには至っていない。その原因の一つが、むすび、つなぐ行為はほとんどボランティアで、先のコンサルの例と同じく、終わったら帰っていく存在であって、必ずしも仕事に直結しないからである。仕事にすることができなければ、抱いた気持ちをあきらめるしかない。実際、多くの学生が就活に直面すると現実に引き戻され、いったん得た「人や地域の役に立ちたい」という火が消えていくケースを見てきた。

いま地方に必要なものは、地域の魅力を引き出すコンサルティングであり、その中身は「つなぐ」「役立つ」意識の高いコーディネートである。「つなぐ」「役立つ」意識の高い若者を活用し、その経験値を上げ、お金を払う仕組みをつくり、業として確立することで、全国で地域のコーディネーターを創出していくことができる。

古いコンサルよ、さらば。出でよ、地域の新しいコーディネーター！

こうした流れは分かっても、地域にはコーディネートをするための経験もなければ技術も金もない。ないないづくしでは「かつて」を打破できないし、個性ある地方もつくれない。

今こそ「編集」の技法を学び、活かし、交流し、編集する者を育てていく取り組みが必要である。とりわけすでに編集の経験を持つ編集者はコーディネーターの素養が高いわけだから、もっと編集の幅を拡げるべくどんどん地域へ出ていき、編集の技を披露していくべきである。

こうしたチャレンジが進み、全国各地から地域を編集するローカルスターが出てくることを夢見るばかりである。

4　人を編集する
――編集途上で陥りやすい「内発的動機づけ論」

1、「人」を編集する

編集する者は、編集の第一段階として、まず依頼者の声に耳を傾け、情報収集に努めることをする。

例えば、教師は子どもの成長を願って子どもや保護者の声を聞く。建築家は施主の要望を聞いて図面に取り込もうとする。医者は患者を治すべく問診をして状況を把握しようとする。顔の見えない消費者の声や反応を気にしながら商品の改善に努めようとする生産者もいる。もちろん、本の編集者は著者の狙いや希望を聞き取りながら当初の原稿より少しでも良い仕上がりにしようとする。

これら編集する者は我が事より、生徒のため、施主のため、患者のため、お客のため、著者のため、知恵を尽くす、全力で汗をかく。彼らは、基本的に黒子であるからだ。このことと、編集の原則である「対象となる人が主人公である」ということは表裏の関係にある。

対象となる主人公は、教育においては子ども、建築家においては施主、医者にとっては患者、商売をしてる人にとっては消費者、である。そして編集が終わる、生徒が卒業する頃には、施主に建物が引き渡される頃には、患者が病院に通う必要がなくなった頃には、消費者に希望の商品が手渡された頃には、「以前よりより良い状態」になっている。それでいいのだ！である。

編集する者の中には、教え方や生徒への接し方がユニークで名を上げている教師もいるし、週刊誌やテレビに取り上げられる建築家や医者や生産者もいることはいて、編集者も最近は表に顔を出す例も増えてはきている。

社会への露出のし方は別にして、編集する者にとって主人公はあくまで「対象者」で、自身は黒子的であるのだが、ここで問題をややこしくしているのが「内発的動機づけ論」である。

編集する者はＣＯＡＲのサイクルを回すことで、課題に関連する多くの情報を収集し整理し分析し再構築しているうちに、対象者が考えている以上のことに気づき、新しいまたは改善につながる提案を持つことになる。ここで編集する者に、対象者に「働きかけたい欲求」が発生する。「そうするよりこうした方がいい」「取り組む順序を変えた方がいい」「こっちの道に行った方が効果が高い」……。

いったん確信すると後で後悔しないためにも、「今はこうでしょ！」と言いたくなるのは世の常である。編集中の対象者に助言・進言はまだしも、次第に修正・訂正・変更させることを使命のように感じてくることさえある。

このように、編集する者は「主人公」に「仕向ける」ことが可能な立場にいて、「仕向けたくなる」欲求が内から生まれてくるという〝体質〟を持っているのである。かつてのコンサルが自ら作成した「報告書」を忠実に実行することが成功の鍵であるとの言葉を残して去って行ったように、自らの体質から目をそらすと、未熟な者を導くことは善、と考えてしまうことになりかねないのである。

編集する者はこんな時どうすべきなのだろうか。

2、「対象者」主人公への接し方

編集しようとする「対象者」は、ヨコ文字にすれば「クライアント」と呼ばれる存在である。英語では「client」で、広告分野では「依頼人」、ビジネス分野では「顧客」、社会福祉分野では「相談者」。なお、コンピュータ関係で「端末」と訳されている。

逆に、これらに対する人は、広告分野ではエージェンシーだったり、ビジネス分野ではコンサルタントだったり、社会福祉分野ではカウンセラーまたはセラピストだったりする。ちなみに、コンピュータ関係では「サーバー」となる。

依頼・要請を受けた人々はみんな編集作業をするわけだが、特に社会福祉分野の捉え方が興味深い。しかもこの業界、「クライアント」とは言わず、綴りは同じなのに「クライエント」と呼び換えて使う。それは、依頼者が悩みや問題を抱え、感情を外に出しにくいケースを区別しようとしているのだろうか。

社会福祉分野で働くソーシャルワーカー、カウンセラー、セラピストの人々はクライエントに助言や支援をするため自らの方策を立て、打開の道を探るため、面接・調査・診断・治療のサイクルを回している。それは、まさに編集の手法でもある。

アメリカの社会福祉学者でケースワーカーでもあるフェリックス・P・バイステックは、クライエントに接する際のケースワーカーの考え方・姿勢を「ケースワークの原則」として7項目にまとめている。

(『ケースワークの原則——援助関係を形成する技法』F・P・バイスティック 尾崎 新他訳 誠信書房 2011.1 第6刷)

ケースワーカーが執るべき原則、それは次のような内容である。

①個別化:「クライエントを個人として捉える」。それぞれが異なる性質をもっていることを理解し、より良く適応できるように「特定のひとりの人間」として対応すべきである。(36頁)

②意図的な感情の表出:「クライエントの感情表現を大切にする」。自分を表現したい、

他者と経験を分かち合いたいというニードを理解し、耳を傾け、表現を励ます必要がある。(54・55頁)

③統制された情緒的関与：「援助者は自分の感情を自覚して吟味する」。クライエントの感情を観察し、傾聴する感受性をもち、理解して適切に反応する必要がある。(77頁)

④受容：「受けとめる」。同じ人間としての尊厳と価値を尊重し、クライエントの現在のありのままの姿を感知して全体に係わり、自身の表現を助けていく必要がある。(113・114頁)

⑤非審判的態度：「クライエントを一方的に非難しない」。クライエントの抱えている問題を理解しなければならないが、審判を下したり非難したりするべきではない。(142頁)

⑥クライエントの自己決定：「クライエントの自己決定を促して尊重する」。自己決定は生まれながらの能力であり、その能力を自ら活性化し、自分で選択し決定できるように刺激すべきである。(160・161・164頁)

⑦秘密保持：「秘密を保持して信頼感を醸成する」。クライエントがうち明ける秘密の情報をきちんと保全する。(190頁)

表現の難しさを避けたつもりであるが、思い切ってもう少し整理してみたい。つまりケースワーカーは、クライエントを「一ケース」としてではなく一個人として捉え(①)、尊厳と価値を持った存在として受け止める(④)。また、クライエントの感情表現を大切にし(②)、一方的に非難することをせず(⑤)、秘密を守る(⑦)。そして、ワーカー自ら適切に反応することで相互作用を作り出しながら(③)、クライエントが自分で決めることを援助していく（⑥）役割を果たすことで、問題解決とクライエントのパーソナリティーの発達を図ることができる、と考えるのである。

非常に困難な情況の中で対象者を援助する経験を積み上げて築かれた「原則」は、人の現在の姿はどうであれ「同じ人間」であり、その尊厳と価値を「神から与えられたもの」（116頁）、「創造主の意思」（192頁）であると捉える絶対性はキリスト教ならではのものと言うことができるだろう。その位置づけから「人間としての本質」を敬い、非難しない、審判しない、自分で決めるという不可侵の態度が生まれてくる。もちろん、社会への適応や権利の制限があることも踏まえての話である。

ケースワーカーはクライエントに「もっと知りたい」とは言うが、秘密を掘り出すようなことは聞かない。「好ましいもの（the good）」ではなく「真なるもの（the real）」を受けとめる（114頁）という態度から、「7原則」は対象者に「仕向ける」ことをしない、という宣言でもあるように受け取ることもできる。

ここでまた、編集する者は苦しい立場に立つことになる。主人公である対象者を受け止めて、仕向けることはせず、自己決定を促すわけだが、内部に入って知り得たこと、本人も分からないことが解析できたこと、明らかに改善できる道筋が見えたこと、これを伝えるのか否か、伝えるとしたらどう伝えるのか、という問題に迷うことになる。

そこで一度、「動機」について振り返ってみたい。

3、人には動機がいる

動機は人間の行動原理で、すべての行動の背景にあるものである、と言うことができる。そして、動機は「内発的動機」と「外発的動機」とに分けられる、とされている。まだ言葉を発せない子どもでさえ、自ら気になる方向へ動き、気のむくまま声を上げ、眠たくなったら眠る。まるで動物時代に戻ったかのように、「生きる」ことを最大の動機として素直に自らの欲求の赴《おもむ》くまま行動する。この状態がもっとも「内発的」であることを疑う余地がない。

ところがだんだん大きく成長するにつれて、今までの行動原理であった「内発的動機」に外からの「外発的動機」が加わって、自分はどうすべきか葛藤が始まりだす。外の世界に晒《さら》されるようになるとともに、声も出せるようになりコミュニケーションが可能となってきて、外からの刺激を受容し始め、学習が進み、外部への適応が始まりだすのである。

「おいしそう」「おもしろそう」「してみたい」など、見ても聞いても触れても新しい動機が生まれ、その興味・関心で行動することを反復させながら自らを成長させていく。しかし最後まで自分の欲求を通した幼少の時とは違い、多くの他者がいるのでそうはいかない。自分一人では生きていけないことを知り、周りの反応をうかがいながら自らと他者の興味・関心の調整をはかるようになる。

そして次第に、「内発的動機」は「外発的動機」から侵食を受け始めだすことになる。「いい加減にしなさい」「じゃまになるでしょ」「こっちにしなさい」など静止や変更を余儀なくされることが増えてくるのである。

教育者や保護者、指導者は、しつけや教育を通して子どもの「動機づけ」に向かうが、初めは露骨な「外発的動機づけ」から始まる。制止・強制、指示・命令、賞罰・体罰など、これまでの自分の興味・関心とは無関係に押しつけられる。この過程で、「これは好きだけど叩かれるからやめておこう」などと自主規制する心が生まれる。

しかしやがて、外からの強制には限界が生じる時がやってくる。本人の自我の成長もあって、「生きる」本能に触れて心にストレスが生まれるからである。それに気づいた人から「子どもの気持ち、自主性を大事にしよう」と、次第に「内発的動機」を重視する方向へと変わってくるようになる。こうして動機づけは、「外発的」なものから「内発的」なものへと向かっていく。

4、ほんとに「内発的」なのか？

「外から動機づけられるよりも自分で自分を動機づけるほうが、創造性、責任感、健康な行動、変化の持続性といった点で優れてい（る）」（12頁）

（『人を伸ばす力 内発と自律のすすめ』 エドワード・L・デシ／リチャード・フラスト 桜井茂雄監訳 新曜社 1999.6）

「真の自己は内発的自己から始まる」（155頁）と考えたエドワード・L・デシは、「自律への欲求、有能さへの欲求、関係性への欲求」を「子どもたちの基本的で内発的な欲求」であり「真に人間としての根源的な欲求」であると捉え、「偽りのない自分」を生きるため「外発的動機づけ」より「内発的動機づけ」を重視した（185頁）。その方法として、例えば「選択の機会を提供すること」を挙げ、そうすることで、「自分自身の行為の根拠を十分に意味づけることができ」ると同時に「自由意志の感覚を感じることができ」、問題を解決することにつなげられる（45頁）と考えた。これらは、著者が行動主義・経験主義の立場から実験を繰り返して導き出したものである。それは、内からの動機こそが人の行動の源であると考える原理論であるだけでなく、「人は（略）行動を始める原因が外部にあるのではなく自分の内部にあると思う必要がある」（40頁）というように、いかに人の内部に動機を作るかの方法論ともなっている。

例えば現在でも多くの会社が社員の自律性を高めることで生産性を上げようと、上司は部下に仕事を任せたり権限を与えたりするなど、自ら選んだり決定に参加したりする機会を作り、失敗も成功も自分のものと考えられるようにマネジメントしていく。さらにＰＤＣＡサイクルを回しながら、計画に無理がないかチェックしたり部下を励ましたり、成果が出ればほめたりして、本人が役立っていることを評価する、またチームを作るなどの刺激も加え、一体感を高めていく。こうして、社員がやりがいを持ってイキイキと働くことができるように、一人ひとりを教育していくのである。

著者は「自律性を支援する手を差しのべる」ことに肯定的で、「社会化の担い手である両親や教師や管理職」が「自律性と有能さの感覚を促進するようにはたらきかければ、相手は高い興味と熱意を保ち続けることができる」とし、内発的な意識を持続することで企業や社会の発展に寄与しようとしている。(124頁)

だが、この「内発的動機づけ」は真に内発的と言えるだろうかと、疑問が生じる。やらされている感はないのだろうか？　自分が選択して行動していると感じられるようにさせられているだけではないだろうか？　加えて、この部下の念頭に、給与（報酬）とか昇進とかがまったくないわけではない。またそもそも、社内の規則や当初の契約という一連の「外発的」要素が前提にあることも無視できない。もちろん自分以外の家族を支えている場合もある。明らかに外的な要因が背後に大きく存在し、内的なものと複雑に絡んでいて、例えイキイキと働いているからといって単純に「内発的」であるとは断じにくいのである。

著者の真の主張は「自分で自分を」なのだろうが、方法論のみを進めていくと、上司がうまく選択の機会を与え、社員の意志の醸成を待ち、ほめ、評価する仕組みを作ることはできても、実際は「外部から自分を」という形に陥ってしまいかねない。そのようになってしまう原因は、「内発的動機」をあくまで「感じる」という感じ方、感覚の問題と捉えることにあるのではないだろうか。

しかし、自分がそう感じていれば思っていればすべて内発的である、と考えるわけにはいかないのである。

5、深化する「内発的動機づけ論」

現実に、自分がいま心の中で「感じている」「思っている」ことが内発的なもので「自分」である、と断じにくい状況が広がっている。このことと、「内発的動機づけ論」が他者による「行為を起動するスイッチ論」になってしまい、多くの教育関係者、指導する立場にいる人、相談や援助する人の便利な考え・手法になってしまっていることと無関係ではない。「自分のやる気」に火を点けようとしている善意の支援者が周りにテンコ盛りいて、「自分」が包囲されている状況なのである。

なぜ外から内の「動機」をつけることが可能となっているのか？　それは動機づけ論が、外発的動機づけ↓内発的動機づけ↓より透明な内発的動機づけ、と3段階で進行していて、現在「より透明な内発的動機づけ論」がさらに緻密に精巧に科学されていることと密接に絡んでいるからでもある。現代の人々は、内発的動機づけが長い間繰り返され、「主体の崩壊」の危機にさらされ続けているとも言えるのである。

まるで、カエルが浸っている水の温度を徐々に上げていくと気づくことがなく死んでしまうという「ベイトソンのゆでガエル寓話」よろしく、本人は気づくことが難しい。心理学は、カエルの置かれた状況を分析し、環境を整え、水の温度の上げ方を工夫し緻密にしていくことで、より気づかれずに実行することを可能としている。

言い換えると、自己の尊厳を謳うはずの心理学がステルス心理学となり、人の心に知らず知らず入り込んできてコントロールする技術になりかねない危険をはらんでいるのである。それはかつて、科学者が望まなかったにもかかわらず原子爆弾の製造・投下に手を貸してしまったのと似た状況とも言えなくはない。

より透明な内発的動機づけが長時間繰り返された結果、自分が何をしたいか分からない、どれが自分なのか分かりにくくなってしまった若者たちが目の前にたくさんいる。自分の自由や自主性は確保されているはず、何か妨害しているモノがあるようにも見えない、なのに……。

実際、いじめられる、引きこもる、学校に行かない、うつになる、自殺する、また一見発達障害に見える人も増え、社会の中で相当数を占めるようになっているのである。近々の日本を見てみても、いじめ54万人、不登校16万人（2018年度 文部科学省）、引きこもり推計100万人（2019年度 内閣府）、自殺2万人（2017年度 厚生労働省）、うつ病など推計506万人（WHO）で、大きな社会問題であると言うより他にない。

これらの人々の心や意思は非常に弱く見えるので、ますますその内部を見たくなり、絵を描かせたり行動を観察したり「見える化」して心の内部に入って分析していく。このように困った状況が増えれば増えるほど、理由を解明しようとする心理学者が増え、解決に当たるカウンセラーの立場の人が増えるという相関関係が出来上がる。多くの人々が悪意をまったく持っていないので、働きかけられる側がそのことに気づくことは非常に難しい。

こうした状況の中で「7原則」を見直すと、「審判しない」「自己決定を促す」と宣言することで、外発的であろうと内発的であろうと「動機づけ」そのものを否定的に見ていると捉えられないこともない。外から押しつけない、外から内に入る形でも介入しないとすると、ではいったい、「ありのままの自分」とはどういう状態のことを言うのだろうか?

これまでとは違う解決策を探らねばならない時が来ているのである。

6、自分で自分を動機づける

「自分で自分を動機づける」方が「外から動機づけられる」よりも自己のモチベーションを高めることになる、ということに疑う余地はない。しかし、動機は「つけ」られるものなのだろうか?と問うことをやめるわけにはいかない。

では、どのようにして動機は「つけられる」のではなく「つける」ものにできるのだろうか？　そして、これまでの「内発的動機づけ論」から逃れ、「自分で自分を」動機づけるやり方に転換させることができるのだろうか？

解決策は、「人を編集する」技法を採用することであり、とりわけ編集の技法の核心的部分を適用することである。

具体的には、

・対象者の主体・尊厳が最優先。編集する者は黒子
・対象者を取材・分析した情報の開示。対等の立場を確立
・対象者に対応するコンセプトと対話の方策を整理
・気づいたことは言う、議論する姿勢を堅持
・正直にぶつかり合う関係の構築
※以上の過程で極力「内発的動機づけ」を排除

というスタンスで対象者に向かうことになる。

まとめると、対象者の自我（尊厳）、議論（対等）、自問自答（決定過程）、が編集する際の根本原則となるであろう。

まず、編集する者は、対象者の尊厳（触れられたくないこと）に対する不可侵の原則を立てる必要がある。不可侵とは、まったく触れないということではなく、相手と同様に自分も不可侵なのだから、対等の原則が立たないといけない。

外から侵攻することなく、育てたり、治したり、人間関係を作ったりするには議論す

ることである。この原則の下では、気づいたことははっきり言う、どっちがいいと聞かれればそれも言う、だがそれは一つの考えでしかない、と割り切る。編集する者が変われば言うことも変わる、それは個性でやむを得ないことである。

議論とは攻撃・打撃ではない。相手はお客様だと遠慮した話し合いでもない。編集した結果・結論をもとに「こう思ったけど…」「この手もあるけど…」と本音の話をしたいのであって、対象者も考えを出しやすい形での議論である。逆に言うと、自問自答しやすい議論はどうしたらいいか、ということでもある。もちろん「こっちかあっちか」ではないので、どこかに導く場所があってそっちへ持っていきたい、という話でもない。

編集する者と率直な議論を繰り返しながら、対象者は自己の内部で問い、答えを考え、自ら結論を出していくだろう。

カウンセラーは対象者と基本、人間としては対等であっても立場上は対等ではなく「援助する」側面が強くなる結果、導く（クライエントからすれば導かれる）意識が強くなりがちである。しかし、クライエント以上のことに気づいたら、「指示・強制」ではないが、「聞かない・言わない」でもない。もし自己決定の一線を超えてしまったらすぐ元に戻ればいい。対象者の人生に大きく関わっているリスクをしっかり認識して議論することで、例え編集する者が「こうすべき」と気づいた思惑以下であっても、当初クライエントが抱いていた以上の気づきに至ることだろう。

編集する者は、対象者（他人）の決定・行動に関わらないわけにいかない立場にいる。建築家は施主に多くの情報を提供し、より納得した建物にしていくだろう。医者は患者に言葉少なであるべきでなく、意見も含めて説明を尽くし、自問自答しやすい状況を作るべきだろう。教師は指導にあたるので外から内に入る方法を取りがちだが、できる限り対等に議論すべきで、もっと自我を認め育てることをすべきだろう。生産者も消費者の主体性を損なうようなことはせず、納得できる商品の提供に努めるべきだろう。

改めて、やる気はどうしたら出るのか？　それは、自分で自分を動機づけることを全力で支援する編集手法から育ってくるのである。不可侵・対等の関係を構築し、議論していくことで、対象者は自問し自答し、当面の行動の方向性を得ていくことになるであろう。

5　自分を編集する

——自分プロジェクトを立ち上げよう

1、〝さらば〟これまでの自分！

あるインターンシップで、課題を追求した期間が終了し、まだやりたそうだったので「継続する気があれば付き合うよ」と本人の意思を確認しようと尋ねた。もし継続するとしたら、どんなことをするか、それをしたらどんなものが得られる可能性があるかなど話し合っていると、一人が「休学してでもやりたい」と言う。「その気持ちは大事だけど、別に休学しなくてもできるんじゃない。いずれにしろ、よく考えてみたら」と答えた。ところが何日かして、その「意思」があっけなくひっくり返った場面があった。

一度は、担当の先生が「インターン後は授業外になるからだめ」と言われた時。もう一度は、「休学したい」と親に表明した時。当然のように反対され、休学どころか、インターンを継続することさえできなくなり、いったん自分が決意したことが果たせなくなったことを泣いて残念がった。

これは珍しいケースというより、けっこう大学生の一般的な姿であるように思う。昨日の考えと今日の考えが違う、意見が理由もなくくつがえる、何日かすると違うことをしている……。この変幻自在さは今の若者の特徴でさえあり、何かに囚われて生きてきた親や祖父母世代の生き方をカガミにしたものであって特段非難されるべきことではない。

それは、小さい頃から自分で決めてきたようで決めてない、ということに大きく起因する。本来、内発的動機で動く幼少時代から「自分で自分を」のクセがしっかり身に着いていればいいのだが、大事にされて育ったため自分の本心と対面できないまま長い時間を過ごしてしまい、「あなたのため」「将来のため」と言う親や教師の進言を大学生になってもそのまま聞き続けるハメに陥っている。あまりにも教育環境が整いすぎて、まったく意識しないうちに、自分の内で形成すべき意思に親や教師の意思を反映してしまい、「自分」が分かりにくくなってしまっているのである。

そのことを、本人はうすうす分かっている。自分で考え、決断し、行動してたどり着いたと思っている現在の地点は「自分の力だけではない」ことを。だからこそ、大学生は「感謝」の言葉が大好きだ。そのことは、いかに自分の意思で決定し、成功や失敗をしてきたことが少ないか、の裏返しでもある。

言うことをよく聞いてきたので、性格は正直、素直で、秘密がない。多くの場合、一人ひとり「個室」を持っているのに、カギがどこにもかかってない。言い換えると、親にも教師にもオープンで、自分の「心」に誰でも入れてしまえる状態と言うことができる。

こうしてずうっと、ゆでガエルの「寓話」の世界に浸り続けてきた結果、就職などの大きな岐路の前で、「やりたいことが見つからない」「目標がない」「大人が怖い」「失敗したくない」、そして「自分が分からない」と立ち往生することになる。何が自分の意思なのか、見えにくくなっているのである。

逆から見ると、行動につながる自分の意思が自らの深い心の中から湧き起こりにくくなってしまっている。早く自分の「動機」に気づくべきである。早く自分の「本心」に沿って動くべきである。

もう手遅れなのだろうか。

2、「自分」を編集する

さらば、自分自身の優等生。取り戻そう、自分を！

もう自分のことを他人に任せておくわけにいかない。他人のアドバイスをラッキーと受け入れて、楽して自己を築くことはやめよう。

どうするのか？ 方法はあるのか？ 人が生きていく上でぜひ身に着けたい、編集の技。そう、自分で自分を編集する、いや自分が自分を編集する、にチャレンジするのである。

編集するには「対象」がいる。今回の対象者は「自分」、自分の前に自分を置いてみるのである。

まず､編集対象の主人公を「自分」と設定したい。文章を作る時も､人と話をする時も、親や教師とやりとりする時も、自分「が」という主語を常に意識することから試みることになる。これを繰り返すことで、「主体」の確立につながっていくはずである。

「自己」の形成ができれば、例えどんな見えにくい外からの「動機づけ」であっても、部屋にカギがかかるので不本意な侵入を許すことはない。選択して、自分が気に入ったものだけ取り入れればよくなる。

どういうふうに自己発展論を持つのか、常に自分のモチベーションを自らの内部から発生させていくにはどうしたらいいのか、ここが核心である。

もちろん背景として、社会には、

・企業に入って上からの指示で動いていればいいという時代でなくなった

・業際、学際が重要となり、トータルな視点で考える必要性が出てきた

など、時代が提案力のある個人を求めるようになってきていることもあるし、社員の教育や動機づけなどせずに自ら主体的に動ける人が増えれば企業も社員教育に時間をかけずに活性化するだろう。

さあ、自分の編集を始めてみよう。いわゆる「自己分析」が就活のためとか診察のた

めとか、外からの要請を受けてするのに対して、自らの要請で自分自身に入り込むわけである。動機にもっとも関係するものは、「興味・関心」である。いま自分の関心があることに対して、取材・調査―収集・整理―分析―再構築のサイクルを回してみよう。そこから提案を作り、行動する、やってみる。これを繰り返すことで、自分が何が本当に好きなのか、力を目一杯出せるのか、傾向が見えてくるはずである。

3、自分を仕掛ける（仕掛け学）

「20歳、学生」を想定しながら考えてみる。

自分に興味のない人はいないはず。自分の動機づくりに関係する興味・関心探しの旅に、いざ出航！

まずは、取材である。できる限りの聞き取りや調査をし、いっぱい情報を集めたいものだ。取材なのだから、分かったふり、遠慮や妥協は禁物である。目の前に興味のある人がいたら、根掘り葉掘りの精神が重要である。思ってもみない質問であってもぶつけてみよう。意外な返答が返ってくるかもしれない。

得た情報は、しっかり書き記そう。専用の「自分ノート」を作るのもいいだろう。世の中の動きや家族の動きも入れてみるのもおもしろいかもしれない。表を組んでみたりイラストを添えてみたり、写真や新聞記事をコピーして貼り付けたり、色を変えたり付箋をつけたりするのもいいだろう。いろんな工夫を凝らしてやってみよう。オリジナルにこだわることが大事だ。また、親やきょうだい、友だちや先生に「あの時」のことを聞いてみるのもいいだろう。あなたは取材者なのだから。

準備が整ったら、実践に移ろう。自分を取材するため、自分への質問を考えねばならない。何を聞いてみたいだろう？　迷ったら、これまでを振り返ることから始めてみないか。

・20年間、どんな歩みをしてきたのか？　保－小－中－高と区切ってみるのもいいだろう。
・どんなことが好きで、嫌なことはどんなことだっただろう？
・時間を忘れるくらい集中したもの（こと）はあるだろうか？　そのことにこれまでどれくらいの時間を費やしてきただろう？
・親やきょうだいの関係はどうだっただろう？　どんなことが楽しかっただろう？　悲しいことはあっただろうか？
・思い出の友だち、先生はいただろうか？　親友と呼べる人はいただろうか？　異性で好きな人はいただろうか？
・これらの中で、とりわけ大きな事件や思い出はどんなものだっただろう？

などなど、相手が困るくらいの質問を浴びせよう。取材が終わったら、書き留め、整理し、共通点などがあれば分類し、まとめよう。

次に、そのまとめに対して、場面場面でどんなことを感じたのか、思ったのか、「なぜだろう」とツッコミを入れる質問を用意しよう。
・それはなぜ楽しかったんですか？　なぜ悲しく感じたんですか？
・友だちのどこに惹かれたの？
・惹かれた異性はどんなタイプでしたか？　なぜそのタイプだったんですか？
・好きになった家族や先生、近所の人や友だちのどこが気に入ったんですか？　そこに何か共通点がありますか？
・これまでの歩みの中で、ターニングポイントと呼べる事件や瞬間はありましたか？　それをターニングポイントに挙げた理由は何？
・あの時の悔しい思いの理由は何だったの？　大泣きしたのはなぜなの？
・クラブ活動が中学は文科系で高校は運動系だったとしたら、変えた理由は何だったの？　それぞれよかったところとよくなかったところはどこ？
などなど、しっかり突っ込めただろうか、何となくでも理由が分かっただろうか。

一通り過去への旅が終わったら、次は現在に焦点を当てて同じことをしてみよう。その次は、未来である。これからやってみたいことや夢はあるだろうか？　あってもなくても、それはなぜだろうか？　「なぜ」を繰り返し、どんどんツッコミを入れてみよう。

過去―現在―未来、たとえ「こんなのを見たら怒る人がいるかもしれない」といったオフレコであっても、そのまま記せただろうか。誰も見ていない、誰に提出する訳でもない。そう、単に自分のためだけに記録し、分析する。

この旅は、してみることで何か発見があったはずだが、誰にも言いにくい秘密を持つ旅でもあった。実は、秘密は自分づくりに欠かせないもので、差別化の大本でもある。例えば教室に30人の学生がいれば、一人ひとりが違うはず。趣味は同じでも、同じ人ではない。若者はみんなと違うことを怖がるらしいが、「他と同じ」ということこそ恐れるべきである。何が、どこが違うのか、今回の分析で確認したいし、知っている必要がある。差別化――それこそが、他の人と違う、その人の価値でもあるのだから。

「あなたは?」と誰かに聞かれて、しっかり説明できるようなものが獲得できただろうか。自分はこういう傾向の人間であると再構築できただろうか。他から動機をつけられて形成される自分ではなく、自分が自分を仕掛けることができるようになりたいものである。そのためには、仕掛け方がいる。

4、自分を仕掛ける企画を立てる

他からの動機を期待するのでなければ、自分で動機を作っていくしかない。自分を編集して、こんなことが好きではないか、自分はこんな人間ではないかと見えたら、次へステップを進めよう。

自分のいいところを再確認するために、さらに伸ばしていくために、自分を仕掛けていくプロジェクトを考えてみないか。そのための早道の一つとして、自分プロジェクトを立ち上げるのはどうだろう。

これは、プロジェクトをどう立ち上げていけばいいか、そのスタートからすべて自分にかかっている。まずは、テーマと「企画（書）」を立てよう。


例えば、休暇を使って自転車で1週間かけて実家まで帰ることに初挑戦、ということを課題にしてみる。

企画に書き込みたいことは、
・なぜそう思ったのか（動機）
・それを今することにどういう意味があるのか（効果）
・計画の中にポイントをどう置いていくか（重点）
・到達点をどこに設定するか（目標）
・実行後、どうなっていると想像するか（達成後）
・費用、1週間のコースや日程、準備する物
その他、雨天の場合やケガの場合などのリスクを考え対処方法も用意する必要があるし、緊急の連絡体制もいるだろう。

これらをメモした後、この旅行のコンセプトや切り口、キャッチコピーも考えたいものである。例えば、

コンセプト：新しい自分

切り口：初

キャッチコピー：見慣れた自分よ、さらば！

といった具合である。そしてとりあえず完成したら、親をはじめ友だちにプレゼンテーションする時間を持とう。

すると、いろいろと質問や提案が出てくるので、なるほどと思うところは取り入れて企画をバージョンアップしてみよう。

準備が終わったら、いよいよ行動である。初めての自転車旅行がスタートしたら、さまざまな体験・経験とともに、今まで見たこともない自分の一端に出会って旅は終わることになるだろう。後で振り返っても、誰のためでもない、まぎれもなく自分のための行動と胸を張れるはずだ。

こうして、企画書ができ、行程表や予算書ができ、さらに振り返りの総括書もできあがる。

自ら動機を作り出し行動に結びつけることで興味・関心を一歩ずつ高め発展させ、経験を自信に変えて「自己の壁」を築いていくことができる。こうなった時、他から知ら

ず知らず自分に入り込む「動機づけ論」は、自ら成長する方法を身に着ける「仕掛け論」に取って変わっているだろう。

6、自分の魅力を引き出す

編集とは、対象となるモノの魅力を最大限引き出すことであった。「自分を編集する」目標は、企画を通して自分の魅力を最高に引き出し、世の中に一人しかいない自分の個性を磨き続ける方法を獲得することに他ならない。自分プロジェクトで仕掛けて、企画力を養う、コミュニケーション力を着ける、行動力を着ける、総括して次の目標を設定する力を着ける、というやり方を反復することで自己発展させていくのである。

編集では、「対象」となる人としっかり関わり、外からだろうが内からだろうが、人の心の中にこっそり立ち入らないことが原則である。

例えば、親や教師は子どもに対して「やらせる」のではなく「やってみないか」と呼びかけるやり方がいいだろう。そのため、自分の考えを理由とともに説明しなければならない。

建築家は施主の要望に対して「こっちがいい」と思うことがあれば理由を示して提案することが必要である。医者は患者に対して、情報を極力開示し、自分の意見をしっかり述べるべきである。自分が判断したのと同じくらいの情報が示されれば患者から似た結論が出る可能性がある。また、カウンセラーが「AとBとCの選択肢がある」と示した後「あなたはどう思いますか」とクライエントに聞かれたら、自分の考えがあれば言うべきである。もちろん決めるのは相談者なので威圧的な態度を取ることはないだろう。消費者が「どちらがおいしいですか」と聞いてきたら、生産者の答えは「どちらとも」ではないはずである。もちろん、本の編集者が「こうすべきではないか」と思ったことがあれば、しっかりと説明して著者の判断を待つことをするであろう。

「成長」も若者の好きな言葉である。もちろん、成長とはあくまで自分のためであって、誰のためでもない。今の環境下の「成長したね」というほめ言葉は、「成長させられた」ことと同義語となってしまっている。真に「成長した」を実現するには、自分を仕掛け、行動し、必要とする人間関係を築いていくしかないのである。

おわりに　編集の技で未来を切り拓く

話して伝える↓紙に書いて伝える↓スマホを使って伝える

人類は伝達の手段を口から手に移し、操作するように変化してきた。対面して伝えていたものが、次第に距離が伸び、今や面するものは世界中に広がっているうえ、伝える相手は聞いてほしい人にではなく、誰でもいいものになってきている。

「伝える」とはどういうことなのか、改めて考えるべき地点に立っているのではないだろうか。

「誰」を想定しない個人のつぶやきが10人10色の「誰かれ」に放たれていく摩訶不思議とも思える今日の伝達方法は、活版印刷登場以来の革命的なものと言えるだろう。それは紙から電子的なものへの劇的変化であるが、ではその中身はと言えば、文字、声、絵であって、同じツールに頼っているのは変わりない。加えて、産業革命後の印刷・出版はもともと「誰」を想定してしない。つまり、その「伝える」技術は誰でもいいを前提としているというのも不変である。

今こそ、紙で伝える時代から培ってきた「伝える」技術、「表す」技術、「表現する」技術を広め、電子時代のつぶやき方、発信のし方の向上に活かしていくことをしていかねばならない。

ネット時代の表現技術を見直し、再構築していくことで、言葉のぶつけ合いをなくしていくことができるのではないだろうか。

ところが、正反対の動きが広がっている。「自国中心主義」は「自己中心主義」を呼び、丸出しのようなストレートな表現が人々の心に刺さり始めている。本や紙を開かなくても、ボタンを押せば結論が目に飛び込んでくる。こういう時代に生きていかなければならないのに、あまりにも発信する側の表し方、示し方、伝え方がノー編集であるのに無関心でいられない。

『読みのスリルとサスペンス』は、文字面だけでなく行間を読むことで表現されたものを理解する大切さを示している。表されたものを深く読み取ろうとする心持ち、表す時は深みをもって示そうとする心持ち、互いが読解力と表現力を持ち合わせるようになるべきである。

同書を作りながら、「日本語で考える」ということを考えた。多くの言語を話せるように習得したとしても、何語で自分の考えを構築していくかは別問題である。つまり、言語を操作する能力は、何を発していくか、伝える内容をしっかり考え組み立てていくことで初めて成り立つものである。

多彩な表現が可能な日本語は、多彩な考えを生みだし、細かい意思疎通の手段となって人間関係を豊かに築いていく土台になるのではないか。そんな可能性を持つ日本語を使って、表現する内容を編集していく慣習ができれば、言葉のぶつけ合いにはならないはずである。


「編集技術」を身に着けるということは、自分という主語を確立し、他者の尊厳と主体性を尊重して心に侵攻しようとせず、裏方に回ることができる術を身に着けることでもある。編集を学ぶことは、苦悩する現代において生きる技法を身に着けることにもつながり、現実に悩みを解決する力になるだけでなく、明日の扉を開く役割を果たしていくであろう。

個人的には、編集の技を学ぼう・育てようとしている人のところに駆けつけ、編集の力を着けようとしている仲間と語り合うために駆けつけ、「編集」の魅力を広めることに尽力したい。そのために会社の枠、高知県の枠を超えて、実践的な学び合いを増やしていくことをしていきたいし、全国的にその機運を高めていきたい。その中で、「編集力」を身に着けた人が多く生み出されてくるはずである。そして、編集の結果や経験が積み上がり、それらがオープンにされ共有できるようになるとともに、人的にも広く交流できるようになれば、こんな素晴らしいことはない。

「世界」を編集する、とは対象が大きすぎる。だがあえて大げさに言うと、編集は平和を築く道具である、と信じたい。

引用した資料が少し古いのは、当時より「編集」について記し伝えたいという思いがあって、溜めながらメモを残しながら、してきたためである。会社のスタッフで塾も開いてきたし外部でセミナーも開いてきたので、その成果でもある。関わってくれた多くの方々に感謝の想いでいっぱいである。

最後に、南の風社刊の本をいくつか引用したが、詳しいデータは示さなかったので、ここに記しておきたい。

『未来を耕す――いなかインターンシップの挑戦』
宮脇綾子・くにみつゆかり・藤枝徳保・細迫節夫著
２００８年5月初版／２００９年9月2刷　Ａ５判／116頁／１０００円＋税

『生きる！ それでも 生きる！』久岡史明著　２０１４年6月
Ａ５判／228頁／１０００円＋税

『読みのスリルとサスペンス』広井 護著　２０１６年1月／同6月2刷
Ａ５判／252頁／１６００円＋税

「とさぶし」（高知県文化広報誌　２０１３年〜２０１８年／南の風社制作）

『無能男』（第13回もんもん文学賞大賞）佐川恭一著　２０１７年４月
Ａ５判／154頁／１２００円＋税
なお、「とさぶし」を除いてご注文いただけます。

細迫　節夫

[著者]

細迫節夫（ほそさこせつお）

1948年、山口県生まれ。
東京経済大学、都立高校教員（講師）、高知大学
　教育学部専攻科を経て、1977年に出版社設立。
現在、株式会社南の風社代表。

編集論・コーディネート論

発行日　2019年11月22日
　　　　2020年　7月24日　第2刷

著　者　細迫 節夫

発　行　南の風社

〒780-8040　高知市神田東赤坂2607-72
TEL 088-834-1488　FAX 088-834-5783
E-Mail : edit@minaminokaze.co.jp
U R L : http://minaminokaze.co.jp/